KB124455

나는
둔감하게
살기로 했다

조급하고 예민한
사람들을 위한
마음 처방전

와타나베 준이치 지음
정세영 옮김

나는
둔감하게
살기로 했다

다산
초당

들어가는 말

  이 책은 일본에서 2007년 2월에 발행된 이후 독자들에게 매우 큰 사랑을 받았습니다. 일본판 책의 제목이기도 한 '둔감력'이라는 단어는 그해의 유행어 대상에도 올랐죠.

  그런데 둔감력이라는 단어가 널리 쓰이기 시작하면서 때때로 잘못 사용되는 경우도 생기더군요. 예컨대 문제를 일으킨 뒤 아무 일도 없었다는 듯 당당하게 행동하는 정치인을 '둔감력이 있는 정치가'라고 표현한 기사를 접한 일도 있습니다. 그 기사를 쓴 신문기자에게는 직접 연락해서 책을 한 번 더 잘 읽어보라고 충고하기도 했죠.

  그런 무신경한 사람은 둔감력을 가지고 있다고 말할 수 없습니다. 그냥 도덕적으로 둔하고 무책임한 것에 불과하죠.

제가 이 책에서 말하는 둔감력이란 긴긴 인생을 살면서 괴롭고 힘든 일이 생겼을 때, 일이나 관계에 실패해서 상심했을 때, 그대로 주저앉지 않고 다시 일어서서 힘차게 나아가는 그런 강한 힘을 뜻합니다. 그저 몸과 마음이 둔한 사람에게 "둔감력이 있다"고 말하지는 않습니다. 부디 그 뜻을 오해하는 일이 없었으면 합니다. 물론 책을 끝까지 읽고 나면 둔감력의 진정한 의미를 자연스레 깨닫게 되겠지만 말입니다.

와타나베 준이치

둔감한 마음은
신이 주신
최고의 선물이다.

차례 ❖

둔감한 마음은
신이 주신
최고의 선물이다

──────── '둔하다'는 말은 보통 좋지 않은 의미로 여겨집니다. 실제로 "저 사람은 둔해."라는 말과 "저 사람은 민감해."라는 말에는 하늘과 땅만큼이나 큰 의미의 차이가 있죠. 만일 누군가가 자신을 둔하다고 말한다면 대부분 불같이 화를 내지 않을까요?

'둔감하다'는 말 역시 부정적인 뜻으로 받아들여지곤 합니다. 하지만 '둔하다'는 말의 의미를 조금만 더 생각해보면 그 의미는 사뭇 다르게 느껴집니다. 특히 신체적인 면까지 고려하면 '둔감하다'는 말이 무조건 나쁜 것

둔감한 마음은 신이 주신 최고의 선물이다

만은 아니라는 사실을 알 수 있습니다.

예를 들어 여름날 저녁에 밤바람을 쐬며 더위를 식히고 있는데, 모기가 소매 밖으로 드러난 팔뚝을 물었다고 가정해보죠.

이때 A라는 사람은 황급히 모기를 쫓아낸 뒤에 가려운 팔뚝을 긁습니다. 모기에 물린 자리는 금세 빨갛게 부어오르죠. 그런데도 그는 가려움이 가시지 않았는지 모기 물린 자리를 계속 긁습니다. 어찌나 오랫동안 긁었는지 나중에는 피부가 짓물러 염증까지 생기고 맙니다.

그에 반해 B라는 사람은 팔뚝을 살짝 쳐서 모기를 쫓아낸 뒤 평온한 표정으로 길을 걷습니다. 아무래도 별로 가렵지 않다는 듯이 말입니다.

이 경우를 보면 두말할 필요도 없이 A는 민감한 사람이고, B는 둔감한 사람입니다. 물론 이 예시는 모기에 물려 가려움증을 느낄 때의 이야기에 불과하지만, 누가 봐도 B의 피부는 튼튼하고 건강하게 느껴집니다. 반면 A의 피부는 지나치게 민감하고 연약해서 쉬이 상처가 생길 거라 느껴지죠. 요컨대 A의 피부는 예민함을 넘어 과민합니다.

어떤가요? 가려움에 민감해서 스스로 피부에 상처를 내는 것보다는 조금 둔감한 편이 더 낫지 않은가요?

무례한 사람 앞에서도
당당함을 잃지 않는 법

이번에는 심리적인 둔감함에 대해 살펴보겠습니다.

어느 회사에 근무하는 K라는 남자가 있다고 가정해보죠. K는 회사 안에서 매우 평범한 편에 속합니다. 남달리 뛰어난 능력을 발휘해 인정을 받는 사람도 아니고, 유달리 뒤떨어져 구박을 받는 사람도 아닙니다. 제 역할을 다하고 있긴 하지만 특별히 눈에 띄는 편은 아니어서 누군가와 부딪치거나 큰소리를 내는 일도 없죠.

그러던 어느 날, K는 업무를 처리하다 큰 실수를 저지르고 말았습니다. 엎친 데 덮친 격으로 하필이면 그때 상사의 기분이 좋지 않아 다른 직원들이 보는 앞에서 심하게 야단을 맞았습니다. 상사가 어찌나 과격한 말투로 혼을 냈는지 가까이에 있던 동료들이 깜짝 놀라 그에게

둔감한 마음은 신이 주신 최고의 선물이다

위로의 말을 건넬 정도였죠.

"아무리 실수를 했다지만, 저렇게까지 말하다니 너무 심하네요."

"괜찮아요. 누구나 실수할 수 있어요. 오늘은 상사의 기분이 안 좋아서 그런 거니 이해해요."

동료들은 K가 너무 충격을 받아서 다음 날 출근을 안 하는 건 아닌지 걱정했습니다. K 역시 기분이 상해 당장이라도 회사를 그만두고 싶은 심정이었죠.

그런데 다음 날 아침. K는 평소와 다를 바 없이 출근해서 어제 상사에게 혼난 일 따위는 잊은 지 오래라는 듯 "안녕하세요." 하고 인사했습니다. 동료들의 우려가 무색할 만큼 환한 표정이었죠. 그 모습을 본 동료들은 반갑게 맞이하면서도 속으로는 '괜히 걱정했네.' 하며 허탈함을 느꼈습니다.

이런 K를 어떻게 평가해야 할까요? 좋게 말하면 나쁜 일을 마음에 담아두지 않고 활기차게 행동하는 당찬 사람이라고 볼 수 있습니다. 그와 동시에 상사의 엄한 질책에도 별다른 반응을 보이지 않는 '둔한 녀석'이라고 할 수도 있겠지요. 어느 쪽이든 K가 예민하거나 민감한 사람은 아님이 분명해 보입니다.

이에 반해 L이라는 사원은 상사에게 꾸지람을 듣고 K처럼 빨리 기분을 전환하지 못해 퇴근 후에도 계속 그 일을 생각했습니다. 밥을 먹으면서도, 텔레비전을 보면서도, 심지어 잠자리에 들어서도 상사에게 꾸지람을 들은 일이 생각나 밤새 뒤척였습니다.

이렇게 민감한 성격의 L은 '역시 나는 안 돼. 쓸모없는 놈이야.' 하고 자책하다가 결국 도저히 출근할 마음을 먹지 못하고 다음 날 회사를 쉬고 말지도 모릅니다. 그렇게 하루를 쉰다는 게 이틀이 되고, 사흘이 되어 끝내 사표를 쓰게 될 가능성도 있죠.

둔감한 K와 민감한 L, 두 사람을 단순 비교했을 때 압도적으로 강인하고 믿음직스러워 보이는 쪽은 K입니다. 둔감한 K라면 앞으로 어떤 일이 닥치든 꿋꿋이 헤쳐나갈 가능성이 크죠. 어쩌면 그 가능성과 추진력을 인정받아 회사의 중역으로 승진할지도 모릅니다. 그러나 민감한 L은 이후에도 끊임없이 좌절을 반복할 것입니다. 그러는 사이, L의 고민을 들어주던 친한 친구조차 곁에서 떠나갈지도 모릅니다.

자신이 가진 재능을 한껏 키우고
활짝 꽃피우게 하는 힘,
이것이 둔감력입니다.

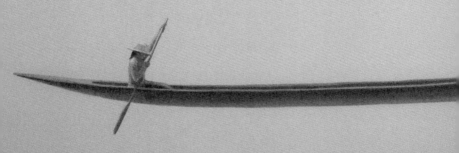

자존심 강한 사람이
더 예민하다

둔감력은 회사의 상하 관계에서만 유용한 게 아닙니다. 업무상의 인간관계는 물론 친구 사이, 나아가서는 연인 사이에서도 요긴하게 쓰입니다.

제가 오래전에 겪은 경험담입니다. 아직 신인 작가였던 저는 소설가인 아리마 요리치카 선생이 주최하는 '돌[石] 모임'이라는 동우회에 속해 있었습니다.

이 모임의 주요 멤버는 공식적으로 등단은 했으나 나오키상, 아쿠타가와상처럼 일본의 권위 있는 문학상은 아직 받지 못한 3, 40대의 젊은 문인들이었습니다. 스포츠에 비유하자면 프로리그 입단을 눈앞에 둔 유망주들의 모임이랄까요.

모임 인원은 모두 서른 명 가까이 됐는데, 매달 한 번씩 스무 명 정도가 아리마 선생의 집에 모여 사모님이 손수 차려주신 음식과 술을 먹고 마시며 실컷 웃고 떠들다가 헤어지곤 했습니다. 그만큼 자유롭게 서로의 글을 읽고 의견을 나누는 마음 편한 모임이었죠.

여기 멤버 중에는 훗날 나오키상이나 아쿠타가와상을 받으며 작가로서 자리를 공고히 다진 이도 대여섯 명 있었습니다. 그들 역시 훌륭한 작가였지만, 정작 제가 가장 재능이 뛰어나다고 생각한 사람은 O라는 남성 작가였습니다. O는 그 당시에 이미 여러 문예잡지에 소설을 발표한 상태였는데, 저는 그 소설들을 읽자마자 그의 재능을 알아볼 수 있었죠.

하지만 아무리 뛰어난 재능을 갖고 있다 하더라도 신인 작가가 문예지로부터 먼저 청탁을 받기란 쉬운 일이 아니었습니다. 보통은 편집자가 "좋은 작품 있으면 갖고 오세요."라고 말하면 완성된 원고를 들고 출판사로 찾아가 건네주곤 했습니다. 물론 원고를 건네주었다고 해서 반드시 문예지에 실린다는 보장도 없었습니다. "다 읽고 연락드릴게요."라는 편집자의 말만 믿고 전화가 오기만을 기다리는 식이었죠. 연락이 오지 않아 불안한 마음에 먼저 연락하면 "지금 상태로는 싣기 힘들겠어요.", "여기랑 여기를 고쳐주세요."라는 답변을 듣는 경우가 많았습니다.

때로는 원고가 그대로 반송되기도 했습니다. 열과 성을 다한 원고를 되돌려 받았을 때의 충격이란 실로 어마어마해서 세상이 다 무너진 듯한 기분이 들 정도였죠.

저 역시 비슷한 경험을 많이 했습니다. 그럴 때면 단골 술집에 들러 "편집자라는 사람이 소설 보는 눈이 저래서 야!", "내 재능을 몰라보다니! 그러고도 편집자야?" 하며 내키는 대로 악담을 퍼붓곤 했습니다. 부어라 마셔라 술을 들이켜면서 말입니다.

짧게는 보름, 길게는 한 달 남짓 그야말로 심혈을 쏟아 부은 원고가 그대로 되돌아왔으니, 그렇게라도 하지 않으면 분한 마음을 달랠 길이 없었습니다. 하지만 사흘 밤낮을 술에 절어 살다 보면 어느새 마음이 가라앉으면서 "그래, 다시 한번 써보자!" 하는 의욕이 샘솟았습니다.

재능이 뛰어난 O도 원고를 퇴짜 맞는 일이 종종 있었습니다. 그럴 때 O도 "소설의 '소' 자도 모르는 편집자 같으니라고!" 하고 콧방귀를 뀌면서 스트레스를 풀었다면 얼마 지나지 않아 의욕을 되찾았을 것입니다. 차라리 저처럼 술이라도 마시면서 속을 괴롭혔다면 몸을 추스르느라 잠시 소설 생각을 내려놓았을 테죠. 그러나 O는 재능만큼이나 자존심도 남달라서 깊은 상처로부터 헤어나지 못했습니다.

뒤늦게 소식을 접한 제가 O에게 전화해 "괜찮아?" 하고 물으면 그는 주눅 든 목소리로 "그냥 그렇지, 뭐……." 하며 말끝을 흐렸습니다. "너무 마음 쓰지 마." 하고 위로해도 "으응……." 하는 힘없는 대답만 돌아왔죠. 여전히 울적한 마음을 떨쳐내지 못했다는 걸 수화기 너머에서도 고스란히 느낄 수 있었습니다.

요즘도 마찬가지겠지만, 당시 우리 같은 무명작가에게 편집자가 먼저 연락하는 일은 아주 드물었습니다. 그래서 가뭄에 콩 나듯 어쩌다 전화가 걸려 왔을 때는 "막 새 작품을 쓰기 시작했어요!" 또는 "이번에는 기대하셔도 좋습니다!" 하고 조금 과장된 목소리로 집필 계획을 늘어놓았죠. 아무래도 자신감 있는 모습을 보이는 편이 좋다는 사실을 알고 있었으니까요.

하지만 O는 편집자의 전화를 받고도 기운찬 목소린커녕 부정적인 대답만 늘어놓았을 게 불 보듯 뻔합니다. 제가 O작가의 집에 들렀을 때도 잔뜩 풀 죽은 모습으로 머리를 쥐어뜯으며 한숨만 푹푹 내쉴 뿐, 새로 소설을 쓰는 기미라고는 눈곱만큼도 찾아볼 수 없었으니까요.

저는 그런 O를 보며 재능이 뛰어나고 자존심이 강한

둔감한 마음은 신이 주신 최고의 선물이다

사람일수록 어려움에 부딪쳤을 때 감당하기 어려워한다는 사실을 알았습니다.

그런 상황이다 보니 편집자가 연락을 해도 O의 반응은 신통치 않았습니다. 대답이 신통치 않으니 편집자도 점점 연락하기를 꺼리게 되었죠. 이런 악순환이 반복되면서 O와 편집자의 사이는 멀어져갔습니다.

결국 O는 새 작품을 발표할 기회를 계속해서 놓쳤고, 몇 년쯤 후에는 문단에서 보는 일이 드물어지더니 마침내 완전히 사라지고 말았습니다.

단단한 마음 위에 재능이 꽃핀다

그 후에도 저는 이따금 O를 떠올리곤 했습니다.

'그렇게 재능 있는 친구가 어쩌다가 흔적도 없이 사라지고 말았을까?'

이런저런 생각을 거듭한 끝에 찾아낸 것은 '둔감력'이라는 단어였습니다.

O는 순수하고 예민해서 쉽게 상처받았습니다. 남다른 재능을 가지고 있었고, 스스로도 자신의 능력을 믿었기에 한 번 상처를 입으면 쉽사리 회복하지 못했죠. 이를테면 그는 '문학적 철부지'였는지도 모르겠습니다.

확실히 O 같은 성격을 가진 사람은 일이 순조롭게 풀리고 주변의 평가도 좋을 때는 매서운 속도로 성장합니다. 만일 O가 시련에 부딪히지 않았더라면 분명 스타 작가로 이름을 알렸을 것입니다.

하지만 그런 사람일수록 힘든 장애물을 만나면 금세 좌절합니다. 절망의 늪에 빠져 한참을 헤어나지 못하다가 제 발로 찾아온 기회마저 놓쳐버리고 말죠.

이렇듯 성공과 실패는 꼭 재능에만 달린 게 아닙니다. 바꿔 말해 재능이 반드시 성공을 보장하는 건 아닙니다.

'그럼 재능보다는 운이나 타이밍이 중요하다는 거야?' 하고 생각하는 사람이 있을지도 모르겠습니다. 그러나 문학에서는 무엇보다도 개인의 실력과 재능이 우선입니다. 문학을 하고자 하는 사람에게 필요한 건 운이나 타이밍이 아니라 '좋은 의미의 둔감함'이죠. 숨겨진 재능을 갈고닦아 성장하려면 끈기 있고 우직한 둔감력은 필수입니다.

다시 말하지만, 그 당시 O에게 둔감력이 있었다면 분명 뛰어난 작가가 되었을 겁니다. 아니, O뿐만이 아닙니다. 한 번쯤 이름을 드러냈다가 사라져간 작가 중에는 끈기나 둔감함이 부족했던 이가 한둘이 아닐 겁니다.

이는 작가에게만 한정된 이야기가 아닙니다. 연예인이나 운동선수, 크고 작은 기업에서 일하는 회사원 역시 마찬가지죠. 자기 분야에서 나름의 성공을 거둔 사람은 그 바탕에 재능뿐 아니라 반드시 좋은 의미의 둔감력을 지니고 있습니다. 둔감력은 자신이 본래 가지고 있던 재능을 한껏 키우고 활짝 꽃피우게 하는 가장 큰 힘입니다.

스트레스조차
가볍게
무시해버리는
둔감함의 힘

――――――― 바로 앞장에서 호되게 혼이 나도 주눅 들지 않고 금세 활기를 되찾는 둔감함이야말로 자신의 재능을 꽃피울 수 있는 능력이라고 말했습니다. 이번 장에서는 비슷한 사례를 하나 더 살펴보도록 하겠습니다.

다만 이번에는 금세 활기를 되찾기보다는 원래부터 혼나는 일에 별로 신경 쓰지 않는, 좋은 의미의 둔감함을 가진 어느 의사의 이야기입니다.

의사라면 날카롭고 섬세한 성격을 가져야 한다고 생각하는 사람이 많은데, 실은 그렇지 않습니다. 의사처럼 스트레스가 많은 직업일수록 둔감한 마음이 필요하죠.

구시렁구시렁 잔소리도
대충 흘려 넘기는 대단한 능력

저는 예전에 삿포로에 있는 대학병원에서 정형외과 의사로 근무한 적이 있습니다. 의과대학을 졸업한 뒤 10년 남짓 일했는데, 선배들에게 수없이 혼나고 자신의 무능함에 좌절해가며 조금씩 의사로서의 실력을 쌓아나갔죠.

당시 저를 지도했던 교수님은 매우 유능한 분이었습니다. 상황 판단이 빠르고 수술 실력도 뛰어나 어떤 경우든 최고의 결과를 이끌어내는 대단한 분이었죠. 그런데 그 교수님에게는 딱 한 가지 단점이 있었습니다. 바로 수술 중에 조수 의료진한테 하는 잔소리가 아주 심했다는 겁니다.

물론 진짜로 화가 났거나 악의가 있어서 하는 말은 아니었습니다. 그저 잔소리가 습관처럼 입에 배었을 뿐이죠. 예를 들자면 "손놀림이 왜 이렇게 굼떠?", "똑바로 잡아. 어서!", "집중 안 해?" 등의 가벼운 잔소리였습니다. 교수님은 추임새를 넣어 가락을 맞추는 판소리의 고수(鼓手)처럼 잔소리로 수술 리듬을 잡는 경향이 있었으므로, 듣는 사람이 신경을 쓰지 않는다면 크게 문제가 될 게 없었습니다.

실제로, 환자의 끊어진 혈관을 꿰매야 하는 경우 같은 고도의 집중력이 필요한 상황이 되면 교수님도 잔소리를 하지 않았습니다. 그만큼 교수님이 잔소리를 한다는 건 교수님의 컨디션이 좋고 수술도 순조롭다는 증거였죠.

하지만 현장에서 잔소리를 듣는 조수 의료진 입장에서는 그렇지 않았습니다. 안 그래도 수술 때문에 잔뜩 긴장한 상태인데, 수술하는 내내 잔소리를 잔뜩 들었으니 기분이 좋을 리 없었죠. 교수님의 사소한 잔소리가 우리에게는 상처로 다가왔던 겁니다.

대학병원 의국은 졸업 연차에 따라 상하 관계가 매우 엄격한 데다가 집도의의 명령은 절대적이었으므로, 초보 의사들이 주의를 받거나 꾸중 듣는 일은 일상다반사였습니다. 그래서 저 역시 수술 중에 꾸중 듣는 걸 크게 부끄러워하거나 수치스럽게 생각하지는 않았습니다. 그러나 당시 관심 있던 간호사와 함께 수술실에 들어갈 때는 상황이 달랐습니다. 그 간호사 앞에서 꾸지람을 들으면 창피해서 쥐구멍이라도 찾고 싶은 심정이었죠. 그런 까닭에 교수님 수술에 조수로 들어가야 할 때면 '또 얼마나 혼이 날까?' 상상하며 고개를 절레절레 내젓곤 했습니다.

제가 병원에 막 들어갔을 무렵에는 제 위에 수술을 도와주는 선배가 여럿 있었습니다. 그중 교수님 잔소리를 가장 많이 듣는 사람은 저보다 세 기수 위인 S 선배였습니다. 그는 교수님 바로 옆에서 수술을 도와주는 제1조수였기 때문에 잔소리에 무방비로 노출될 수밖에 없었죠.

S 선배는 껑충한 키에 등을 잔뜩 구부리고 다녀서 조금 어수룩해 보였습니다. 게다가 커다랗고 동그란 잠자리 안경을 써서 어쩐지 만만하게 느껴졌죠. 윗사람 입장에서는 혼내기에 부담 없는 타입이랄까요.

저는 S 선배가 교수님께 꾸중을 들을 때마다 '참, 안됐다' 하며 남몰래 동정하곤 했습니다. 그런데 어느 날,

문득 선배가 교수님께 혼날 때마다 독특한 방식으로 대답한다는 사실을 깨달았습니다. 지금까지도 선배의 반응을 또렷이 기억하는데, 늘 "네~ 네, 네~ 네." 하고 가볍게 '네'를 두 번 반복했습니다.

교수님이 어떤 말씀을 하시든 이 대답은 한결같았습니다. 선배는 교수님의 잔소리를 쇠귀에 경 읽기식으로 흘려들었던 거죠. 교수님이 잔소리를 시작하면 선배는 마치 기다렸다는 듯 "네~ 네." 하고 대답했습니다.

'혹시 선배의 우직하고 변함없는 대답에 교수님도 마음 놓고 잔소리를 늘어놓으시는 건 아닐까?'

그렇게 생각하니 "구시렁구시렁.", "네~ 네.", "구시렁구시렁.", "네~ 네."라는 두 사람의 대화에는 일종의 리듬이 있어서 쿵덕쿵덕 박자에 맞춰 떡방아를 찧듯 가락이 잘 맞아떨어진다는 느낌이 들더군요.

이쯤 되면 혼나는 방식도 재주라 할 만합니다. 그 후로 저는 S 선배의 가볍디가벼운 "네~ 네." 덕분에 수술이 순조롭게 진행된다고 생각하게 되었습니다.

스트레스조차 가볍게 무시해버리는 둔감함의 힘

홀홀 털어버리는 사람만이
얻을 수 있는 특별한 선물,
이것이 둔감력입니다.

훌훌 털어버리는 사람만이
얻을 수 있는 특별한 선물

S 선배는 야단을 맞아도 주눅이 들기는커녕 오히려 밝은 모습으로 분위기를 부드럽게 풀어주고 팀워크까지 좋게 만들었습니다. 이런 둔감력은 매우 훌륭한 재능이죠.

S 선배는 잔뜩 꾸지람을 듣고도 수술이 끝나면 콧노래를 흥얼거리며 목욕을 했습니다. 마치 조금 전에 들었던 꾸지람을 모두 잊은 듯 말이죠. 목욕을 마치면 의국으로 돌아가 동료들과 수술 이야기나 다양한 화젯거리를 안주 삼아 즐겁게 술잔을 기울였습니다. 바로 몇 시간 전까지 쉴 새 없이 야단맞던 사람이라고는 도저히 상상할 수 없을 만큼 환히 웃으면서 말입니다. 이런 점이 S 선배의 훌륭한 부분이었습니다.

밝은 성격의 S 선배와는 달리 조금만 혼나도 세상이 무너진 듯 충격을 받는 사람이 있었습니다. 넉넉한 집안에서 태어나 야단 한 번 맞지 않고 금이야 옥이야 자란 친구가 있었는데, 그는 교수님이나 선배에게 꾸중을 들으면 금세 기분이 가라앉아서 세상을 다 잃은 듯한 표정을 짓곤 했죠. 머리를 쥐어뜯으며 괴로워하다가 술을 마시고 소란을 피우거나, 화를 주체하지 못해 싸우는 사람도 본 적이 있습니다.

하지만 이런 식으로 답답한 마음을 푸는 건 아무런 의미가 없습니다. 차라리 S 선배처럼 "네~ 네." 하면서 가볍게 대답하고 긍정적으로 받아들이는 편이 훨씬 이득이죠.

S 선배가 대단한 점은 단순히 꾸중을 들어도 밝게 행동하는 것뿐만이 아니었습니다. 그가 교수님의 잔소리를 "네~ 네." 하면서 넘기는 사이 그의 수술 실력도 부쩍 늘었습니다. 교수님의 수술을 가장 가까이에서 지켜보며 기술을 익힌 덕분이었죠. S 선배는 훗날 의국에서 가장 수술 실력이 뛰어난 의사가 되었습니다. 여러분도 모두 S 선배처럼 강인한 둔감력을 길러 어떤 일이든 훌훌 털어내는 사람이 되었으면 합니다.

특히 부모님들은 아이가 어렸을 때부터 강인한 정신력을 가질 수 있도록 키우시길 권합니다. 아이가 엄마 없는 사이 집을 잔뜩 어지럽혔다고 가정해보죠. 집에 들어온 엄마가 "집이 이게 뭐야? 다 제자리에 갖다 놔! 빨리 정리해!" 하고 꾸지람했을 때 풀이 죽어 고개를 숙이는 아이가 스트레스에 강할까요? 아니면 "네~ 네." 하고 웃으면서 방을 치우는 아이가 스트레스에 강할까요? '어차피 엄마는 조금 있으면 화가 풀릴 거야.' 하고 생각하면서 대수롭지 않게 받아들이는 아이가 나중에 어른이 되어서도 더 여유로운 사람이 되지 않을까요? 이렇게 어렸을 때부터 어지간한 일은 태연히 넘길 수 있는 대담한 아이로 키우시기 바랍니다.

정신 건강을 위해서라도
제발 귀 기울여 듣지 말 것

그 후 S 선배는 삿포로 외곽에 있는 큰 병원의 원장이 되었고, 지금은 명예 이사장을 맡고 있습니다.

몇 년 전, 동문회에서 오랜만에 S 선배를 만났습니다. 선배의 얼굴을 보자마자 예전에 교수님께 꾸중을 들을 때면 으레 "네~ 네." 하고 대답하던 모습이 떠오르더군요. 선배는 나이만 들었을 뿐 외모나 말투는 여전했습니다. 함께 추억담을 나누는데 제가 이야기하는 동안에도 늘 그랬듯 "응~ 응." 하며 고개를 끄덕이더군요. 진지하게 듣지 않고 가볍게 대꾸하는 모습도 변함이 없었습니다.

그 모습을 보며 S 선배는 원래 남의 이야기를 귀 기울여 듣지 않는 사람임을 깨달았습니다. 상대방의 말을 귀담아듣지 않기에 교수님의 끝없는 잔소리도 크게 신경쓰지 않고 흘려들을 수 있었던 거죠. 그 덕에 선배는 일흔을 훌쩍 넘긴 나이에도 여유로운 마음으로 아픈 데 하나 없이 건강하게 생활하고 있었습니다.

그러고 보면 나이 들어서도 건강한 사람은 남의 얘기를 잘 듣지 않는 경향이 있습니다. 듣는 시늉만 할 뿐 "네~ 네." 하며 한 귀로 듣고 한 귀로 흘려버리죠. 그래서 남들 눈에는 제멋대로에 자기중심적으로 비치기도 합니다. 나쁘게 말하면 고집불통이라고 할 수도 있겠지요. 그러나 분명한 사실은 듣기 싫은 말에 귀 기울이지 않고 대충 흘려 넘기는 여유로운 성격이 건강의 비결이라는 것입니다.

요컨대 남에게 안 좋은 소리를 들어도 깊이 고민하지

스트레스조차 가볍게 무시해버리는 둔감함의 힘

않고 뒤돌아서자마자 잊는 사람은 건강합니다. 정신적으로나 신체적으로나 모두 말입니다. 좋은 의미의 둔감함이 마음을 안정시키고, 나아가 혈액순환도 원활하게 유지시켜주기 때문입니다.

최근 질병 예방과 치료에 관심을 가지는 사람이 많은데, 어렵고 복잡하게 생각할 필요 없습니다. 건강한 삶을 유지하려면 피가 온몸 구석구석을 끊임없이 흐르는 게 중요합니다. 그러려면 온몸의 혈관을 항상 열어놓아야 하는데, 이때 혈관을 조절하는 자율신경에 자극을 주지 않고 편안하게 유지하는 게 가장 중요합니다. 자율신경이 무엇인지 궁금하다고요? 너무 서두르지 마십시오. 자율신경에 대해서는 다음 장에서 자세히 설명하겠습니다.

어쨌든 S 선배는 둔감하고 강인한 정신력을 가졌던 덕분에 꾸중을 들으면서도 늘 혈액의 흐름을 원활하게 유지했던 게 분명합니다. 그게 아직도 건강을 유지하는 비결이겠지요.

마음은
둔감하게,
혈액순환은
시원하게

—————————— 첫 번째 장과 두 번째 장에서는 둔감력의 중요성에 관해 이야기했습니다. 둔감한 마음을 가진 사람은 비인격적인 상사의 모독에도, 습관적으로 튀어나오는 노교수의 잔소리에도 정신이 흔들리지 않고 늘 중심을 유지합니다. 사회적으로 성공한 사람들은 대부분 이렇게 둔감한 마음을 가지고 있습니다. 그래서 아무리 힘든 일이 생겨도 다시 일어서서 달릴 수 있죠. 그럼 지금부터는 둔감한 마음, 즉 둔감력이 건강에 얼마나 유익한지 살펴보겠습니다.

마음은 둔감하게, 혈액순환은 시원하게

자율신경에 부담을 주지 않는
건강 유지의 원동력,
이것이 둔감력입니다.

마음이 건강한 사람은
혈관도 잘생겼다

원활한 혈액순환은 건강의 첫 번째 조건입니다. 이는 사람뿐만 아니라 세상의 모든 생물이 마찬가지입니다. 피가 막힘없이 잘 흘러서 맑은 상태를 유지해야 다른 장기들도 제 기능을 발휘하죠.

그러면 어떨 때 피의 흐름이 나빠질까요? 바로 혈관과 신경의 관계에 문제가 생겼을 때입니다.

인체의 혈관은 대부분 신경이 조절합니다. 이 신경을 보통 '자율신경'이라고 부르죠. 자율신경은 교감신경계와 부교감신경계로 나뉘는데, 이 둘은 상반되게 작용합니다. 예컨대 교감신경은 사람이 긴장, 흥분, 불안 상태에 빠지면 혈관을 수축시키고 혈압을 높입니다. 반대로 부교감신경은 혈관을 확장하고 이완시켜 혈압이 낮아지도록 작용하죠.

교감신경과 부교감신경은 혈관에 바싹 붙어 있어서 혈관에 강한 영향을 미칩니다. 그러므로 피가 부드럽게 흐르게 하려면 부교감신경이 지배하는 상태, 즉 교감신경이 작용하지 않는 상태를 유지해야 합니다.

교감신경이 어떤 상황에서 작용하는지 궁금하다고요? 교감신경은 앞에서 말한 심리적 긴장이나 흥분, 불안 외에도 불쾌감이나 분노, 미움, 추위 등을 느낄 때 활성화됩니다. 반대로 마음이 차분하고 편안한 상태, 예를 들어 즐거움을 느낄 때, 기분이 좋아서 웃을 때, 주위가 따뜻할 때는 부교감신경이 활성화되어서 혈관이 활짝 열립니다.

여기까지 읽었다면 원활한 혈액순환에 무엇이 필요한지 자연스레 눈치챘을 겁니다. 예전에 어느 노인 요양 시설에서 종종 개그맨을 초청해 즐거운 자리를 마련한다는 기사를 보았습니다. 다 함께 웃고 즐기면서 부교감신경을 활성화시켜 각종 질병을 예방하는 게 그 요양 시설의 목적이었죠. 그만큼 혈액순환은 건강을 유지하는 데 매우 중요합니다. 그리고 피가 온몸 구석구석을 부드럽게 잘 흐르게 하는 가장 좋은 방법은 언제나 밝고 편안한 마음을 유지하는 것입니다.

당신의 속이
늘 답답하고 아픈 이유

예전에는 위궤양의 원인이 과식이나 폭식, 또는 폭음이라고 생각했습니다. 하지만 캐나다의 생리학자 한스 셀리에(Hans Selye)는 그 원인을 만성 스트레스 때문이라고 추측했습니다.

셀리에는 자신의 가설을 입증하기 위해 실험용 쥐 여러 마리를 춥고 어두운 곳에 가둔 뒤, 막대기로 찌르기도 하면서 지속적으로 쥐들을 불안하게 만들었습니다. 교감신경을 긴장시킨 것이죠. 이 실험을 반복하는 동안 실험용 쥐의 소화기관에는 궤양이 생겼고, 스트레스에 가장 강하게 저항하는 부신피질에 출혈반이 나타났습니다. 끊임없는 불안과 흥분으로 쥐의 위혈관이 좁아졌고, 혈액의 흐름이 나빠지면서 위 점막이 헐었으며, 결국 그곳이 움푹 파여 위궤양이 생긴 것입니다.

셀리에는 실험을 통해 스트레스가 궤양의 주요 원인임을 밝혀내고 '스트레스 이론'을 확립했습니다. 스트레스라는 단어가 널리 쓰이기 시작한 것도 셀리에의 실험

이후부터입니다.

좋은 스트레스는
사장님도 춤추게 한다

이제 스트레스라는 말은 모르는 사람이 없고, 일상적
으로도 자주 쓰입니다. 그러나 스트레스와 일상생활의
관계에 대해서는 널리 알려지지 않은 듯합니다. 그보다
는 염두에 두지 않는다고 표현하는 게 더 정확할지도 모
르겠군요. 그래서 이번 장에서는 우리의 일상생활과 스
트레스의 관계에 대해 살펴볼까 합니다.

사람들은 보통 바쁠 때 스트레스를 가장 많이 받습니
다. 너무 바빠서 숨 돌릴 틈도 없을 때 "요즘은 스트레
스가 심해."라는 말을 쓰죠. 실제로 정신없이 바빠서 신
경이 곤두섰을 때 우리 몸은 스트레스를 느껴 피곤해지
고 다양한 증상에 시달립니다. 가슴 두근거림이나 현기
증, 불면증, 두통은 물론 설사나 변비 같은 소화기증상
도 발생하죠.

스트레스를 받는 상황이 오래 지속되면 신체 여러 기관에 이상이 생기면서 질환으로까지 발전합니다. 이런 증상만 보더라도 지속적 또는 반복적으로 스트레스를 받는 것이 얼마나 몸에 해로운지 잘 알 수 있죠.

하지만 바쁜 게 늘 나쁜 스트레스로 이어지는 건 아닙니다. 가령 회사 경영이 순조롭고 매출도 계속 늘어나면 그 회사의 사장은 성취감과 자신감을 느끼고 더욱 힘을 냅니다. 정신없이 바빠도 스트레스를 받기는커녕 의욕이 샘솟아 하루하루가 즐겁게 느껴지죠. 컨디션 조절에 어려움을 느끼지도 않고, 오히려 건강이 좋아지는 걸 느낍니다.

스트레스에는 좋은 스트레스와 나쁜 스트레스가 있습니다. 높은 지위에 있던 사람이 느닷없이 좌천당하거나 정년을 맞아 퇴직했을 경우를 예로 들어보죠. 갑자기 생긴 여유를 기꺼이 즐긴다면야 아무런 문제도 없겠지만, 사람에 따라서는 여유 있는 생활을 도리어 스트레스로 받아들이기도 합니다. 한직으로 내몰려 사실은 시간이 많은데 주변 사람들에게 바쁘게 보이려고 노력하면, 그 노력이 더 큰 스트레스를 일으키기도 하죠.

정년퇴직한 사람은 사회로부터 버림받았다는 배신감과 자신이 쓸모없어졌다는 상실감, 동료들과 멀어졌다는 고독감 등 심리적 불안을 호소합니다. 이 역시 큰 스트레스로 다가와 사람을 고통스럽고 나약하게 만들죠. 지위가 높았던 사람일수록 퇴직한 후에 더 빠른 속도로 쇠약해지는 이유는 이런 나쁜 스트레스에 사로잡히기 때문입니다.

이렇듯 똑같아 보이는 스트레스도 마음을 상쾌하게 만드는 스트레스와 무겁게 만드는 스트레스로 구분할 수 있다는 사실을 기억해두시기 바랍니다.

한 잔을 마셔도
기분 좋게 취하는 법

평소엔 잘 느끼지 못하지만, 스트레스는 우리 생활 속에 깊이 스며들어 있습니다.

예를 들어 똑같은 술도 싫어하는 상사와 마시거나 타인의 불평불만을 들으며 마실 때는 좀처럼 취하지 않습

마음은 둔감하게, 혈액순환은 시원하게

니다. 긴장감이나 혐오감이 스트레스로 작용해 혈관이 좁아지기 때문입니다. 혈관이 좁아지면 알코올 흡수 능력도 덩달아 떨어지게 되죠. 춥거나 불안한 상황에서 마셔도 술은 쉽게 취하지 않습니다.

반대로 마음 맞는 동료와 마시거나 눈치 볼 상사가 없어서 편히 마실 때는 술기운이 빨리 오르고 기분 좋게 취합니다. 따뜻하거나 안전한 장소라고 판단될 때에도 술기운은 빨리 퍼집니다. 실제로 집에서 술을 마시면 금세 기분이 좋아집니다. 특히 목욕을 마치고 나왔을 때는 혈관이 열린 상태여서 더 빨리 취기가 오릅니다. 어찌 됐든 마음이 편안해서 혈관이 한껏 열렸을 때 가장 잘 취하는 것은 분명합니다.

저는 늘 돈이 부족했던 젊은 시절에, 적은 양의 술로 취하려고 유리컵에 소주를 부어 벌컥벌컥 마시고는 백 미터를 전력 질주한 적이 있습니다. 격렬한 운동으로 혈관이 확장되면 알코올이 빠르게 흡수되어 순식간에 술이 오르기 때문이죠. 다소 우스운 얘기지만, 노천탕이나 욕조에 술이 담긴 쟁반을 띄우고 목욕을 즐기며 천천히 마시면 쉽게 취하는 것과 같은 원리입니다. 아, 이처럼 술뿐만 아니라 약도 몸이 따뜻할 때 마시면 흡수가 빨라서 효과가 좋습니다.

둔감한 사람의
마음과 혈관은 언제나 열려 있다

자율신경이 우리 몸을 제어하는 경우는 이 밖에도 아주 많습니다. 예를 들어 지인의 사망 소식이나 끔찍한 사고 소식을 듣고 얼굴이 새파랗게 질릴 때가 있습니다. 나쁜 소식을 들었을 때 받은 충격과 슬픔으로 혈관이 급격하게 수축하면서 피의 흐름이 순간적으로 멈추기 때문입니다.

불안하거나 깜짝 놀랐을 때 가슴이 쿵쿵 뛰는 현상도 자율신경의 긴장이 심장에 전해져서 발생합니다. 수능처럼 중요한 시험이 시작되기 직전에 화장실에 가고 싶어지는 경우 역시 자율신경이 긴장해서 방광을 자극하기 때문입니다.

물론 마음이 느긋하고 편안할 때는 이런 증상이 나타

나지 않습니다. 앞에서 주변 온도에 따라 혈관이 열리거나 닫힌다고 설명했는데, 더울 때 흘리는 땀을 생각하면 이해하기 쉽습니다. 당연한 이야기지만 더울 때는 혈관이 충분히 열려서 체내의 열을 발산하고, 반대로 추울 때는 혈관이 좁아져서 열을 발산하지 않도록 조절합니다.

이렇게 자율신경은 그때그때의 상황에 맞춰 몸의 균형을 유지하는 기능을 수행합니다. 따라서 평소에는 자율신경에 부담이 가지 않도록 주의를 기울여야 하죠. 이때 둔감력은 매우 중요한 역할을 합니다. 좋은 의미의 둔감력은 자율신경에 필요 이상의 부담을 주지 않도록 도와주는, 그야말로 건강 유지의 원동력이라 할 수 있습니다. 둔감한 사람의 자율신경은 지나친 자극에 타격을 받는 일 없이 언제나 혈관을 열어두어 온몸에 피가 원활히 흐르도록 기능합니다.

조금 둔감하게 살아도
괜찮아

——————————— 지금까지 둔감한 마음의 필요
성에 대해 많은 이야기를 들려드렸습니다. 그런데 둔감
력이 필요한 건 우리의 마음뿐만이 아닙니다. 신체 역시
너무 예민해도 문제입니다. 특히 일상에 곧바로 영향을
미치는 가장 중요한 오감, 즉 눈(시각), 귀(청각), 코(후각),
혀(미각), 피부(촉각)가 지나치게 예민하면 득이 될 게 없
지요. 지금부터 그 이유를 하나하나 살펴보겠습니다.

조금 둔감하게 살아도 괜찮아

너무 잘 보여서
피곤한 눈

눈이 너무 좋으면 여러 가지 문제가 생깁니다. 보통 사람은 1.0에서 1.2 정도의 시력만 갖춰도 세상을 보는 데 아무런 문제가 없습니다. 오히려 1.5를 넘어 2.0 가까이 되면 불편한 점이 생깁니다.

일반적으로 인류 사회의 모든 시스템은 1.0에서 1.2 정도의 시력이면 충분히 생활할 수 있게 설계되어 있습니다. 망원경이 없던 시절이라면 모를까, 요즘 같은 시대에는 시력이 1.5를 넘는다고 해서 유리한 점을 찾아보기 힘들죠. 오히려 너무 잘 보여서 문제가 되기도 합니다. 제 친구는 시력이 1.5가 넘는데 "사물이 지나치게 잘 보여서 눈이 금세 피로해져."라며 불평하곤 합니다.

"지나침은 미치지 못함과 같다."라는 말이 있듯이 너무 잘 보이면 정신 건강에도 해롭습니다. 눈이 좋은 사람들을 볼 때마다 안타까운 점은 적절한 해결책이 없다는 사실입니다. 시력이 나쁜 사람은 안경이나 콘택트렌즈, 수술 등을 통해 보완할 수 있지만, 시력이 좋은 사람을 위한 안경은 따로 없습니다. 눈이 좋아서 피로함을 호소해도 교정할 방법이 없죠.

무엇이든 적당한 게 좋다지만, 시력만큼은 조금 낮은 편이 살아가기에 덜 피곤하겠다는 생각이 들기도 합니다.

너무 잘 들려서
괴로운 귀

청력이 너무 좋아도 문제입니다. 다른 사람이 듣지 못하는 소리까지 듣는 사람은 집중력이 쉽게 흐트러지고, 늘 신경이 곤두서서 일이 손에 잡히지 않죠.

이렇게 남들이 듣지 못하는 소리까지 잘 듣는 사람은 정신적으로 문제가 생길 수 있습니다. 심각한 경우 환청으로 이어지기도 합니다. 실제로는 아무 소리도 나지 않는데 들린다고 착각해서 비정상적인 말과 행동을 내뱉게 되는 거죠. 설령 그렇게까지 심각하지는 않다고 하더라도 소리에 지나치게 예민하면 피로를 심하게 느낍니다.

물론 음악가처럼 다양한 소리에 민감한 경우는 예외입

니다. 그런 사람은 소리를 구별하는 재능이 뛰어날 뿐이
지, 남에게 들리지 않는 소리가 들리는 것은 아닙니다.

청력 역시 시력과 마찬가지로 소리를 잘 듣지 못하면
보청기 등의 도움을 받을 수 있습니다. 그러나 소리가
지나치게 잘 들리는 사람이 사용할 수 있는 기구는 귀
마개 정도뿐입니다.

너무 잘 맡아서
곤란한 코

후각도 적당히 구별하는 정도면 충분합니다. 너무 민
감하면 오히려 고달픈 일이 많이 일어납니다.

제가 아는 M이라는 여성은 후각이 매우 예민해서 타
인의 고유한 냄새를 기억해 사람을 구분할 수 있을 정
도였습니다. 누군가 뒤에서 다가오면 "누구누구 씨죠?"
하고 백이면 백 알아맞혔죠. 물론 향수 냄새에도 민감해
서 다른 향수를 쓰면 곧바로 알아차렸습니다.

한번은 남편의 옷에 밴 흐릿한 여성용 향수 냄새를 단

박에 알아채서 집안이 발칵 뒤집힌 일도 있었다고 합니다. 다행히 오해였다는 사실이 밝혀지면서 별 탈 없이 마무리되었지만, 이럴 땐 예민한 후각을 좋게 봐야 할지, 나쁘게 봐야 할지 모를 일입니다.

M은 음식 냄새에도 민감해서 음식점이 밀집한 거리를 걸을 때면 간판이 보이기도 전에 이렇게 말하곤 했습니다.

"요 앞에 이탈리안 레스토랑이 있어요."

"네, 뭐라고요?"

"음, 그 뒤에는 중국요릿집이 있고요."

"에이, 설마요……."

저는 M의 말을 믿지 않았습니다. 그러다 정말 M이 말한 순서대로 음식점이 나타나 혀를 내두른 적이 있었죠.

M의 예민한 후각은 그야말로 경찰견에 버금갈 정도였습니다. 하지만 개가 아닌 사람의 후각이 그렇게까지 민감할 필요는 없습니다. 실제로 M은 후각이 너무 예민해서 조금 향이 강하거나 자기 취향에 맞지 않는 냄새가 나는 음식은 거들떠보지도 않았습니다. 그 때문에 편식이 심하고 몸도 너무 말라서 체력이 약해 보였죠.

그에 비해 후각이 둔한 사람은 편합니다. 또 다른 지인인 C는 코는 숨 쉬는 데만 쓰나 싶을 만큼 냄새에 둔감한 사람이었습니다. 그러나 그 둔감한 후각 덕택에 강한 향신료가 들어간 중국요리든, 베트남 요리든 가리지 않고 잘 먹었습니다. 심지어 약간 상한 냄새가 나도 아무렇지 않게 "으음, 맛있어. 정말 맛있어." 하면서 복스럽게 먹었습니다.

어떤가요, 여러분? 둔감한 코 덕분에 무엇이든 잘 먹고, 맛있게 느끼고, 배앓이도 하지 않으니 그야말로 일석삼조 아닌가요?

너무 잘 느껴서
못 먹는 입

예민한 미각은 요리사에게 꼭 필요한 자질입니다. 훌륭한 요리사는 대개 남달리 날카롭고 뛰어난 미각을 가지고 있습니다. 그러나 일반인의 미각이 지나치게 예민하면 평소 식사에 불편함을 느낄 수 있습니다.

미각은 어릴 때부터 자주 먹던 음식 맛에 좌우되는 경향이 있습니다. 그러므로 어느 순간 잘 먹던 음식을 못먹게 된다면 질병으로 미각에 이상이 생겼다고 의심해 봐도 좋습니다. 평소와 다르게 특정한 맛이 예민하게 느껴진다는 건 어딘가 문제가 있다는 뜻입니다.

물론 맛에 둔감한 사람도 계속 맛있는 음식을 먹다 보면 조금씩 미각이 발달해 입맛이 변할 수는 있습니다. 그래도 세상을 살다 보면 입맛이 예민한 것보다는 약간 둔감한 편이 생활하기 편합니다. 입맛이 까다로운 사람보다는 아무거나 잘 먹는 사람을 다들 편하게 생각하니까요.

너무 민감해서
고통이 큰 피부

촉각이 민감하면 살아가는 데 큰 문제가 생길 수 있습니다. 다만 여기에서는 신경에 문제가 생겨서 나타나는 촉각의 이상은 다루지 않겠습니다. 예를 들어 척수의 중추신경이나 거기에서 뻗어 나온 말초신경 등에 이상이

조금 둔감하게 살아도 괜찮아

생기면 손가락이나 연필로 건드려도 아무런 느낌을 받지 못하는 경우가 있습니다. 이런 사람들은 뜨거운 물이 닿아도 뜨겁다고 느끼지 못하죠. 반대로 살짝만 닿아도 타는 듯한 통증을 느끼며 괴로워하는 경우도 있습니다. 모두 신경 이상으로 생긴 질병입니다.

별개로 신경 자체에는 아무 문제가 없는데 피부만 비정상적으로 민감한 사람이 있습니다. 한여름에 잠깐만 햇볕을 쐬도 금세 피부가 타서 물집이 잡히고 벗겨지는 사람, 벌레에 살짝만 물려도 못 견딜 만큼 가렵고 조금만 긁어도 벌겋게 부풀어 오르는 사람 등이 이에 해당합니다. 이런 경우는 분명 과민증입니다.

이런 사람들은 외부 자극에 약해서 피부가 쉽게 손상되거나 건조해집니다. 날씨 변화에도 민감해서 부스럼이 생기는 등 피부 트러블이 빈번하게 발생하죠.

특정 자극을 받았을 때 피부가 알레르기 반응을 일으키거나 붓는 사람들은 문제를 특히 심각하게 받아들여야 합니다. 가려워서 긁었는데 진물이 나면서 피부색이 변하는 사람도 마찬가지입니다. 이런 피부염의 전형적인 예가 바로 아토피피부염이죠. 이런 반응은 주로 피부가 지나치게 예민해서 나타나는데, 증상이 심각할 경우 질병으로 생각하고 치료를 받아야 합니다.

반면에 믿기지 않을 정도로 피부가 둔감한 사람도 있습니다. 제 친구 B는 피부가 까무잡잡한 게 언뜻 보기에도 둔감해 보입니다. 어느 여름밤, 더위도 식힐 겸 둘이서 도란도란 이야기를 나누며 산책을 즐길 때였습니다. 저는 우연히 B의 팔뚝에 모기가 앉은 걸 보았습니다. 피부가 약한 저는 계속 그 모기가 신경 쓰여서 '저 친구가 언제쯤 모기를 쫓아내려나.' 하는 생각으로 그의 팔뚝을 뚫어져라 쳐다보았습니다.

하지만 B는 아랑곳하지 않더군요. 참다못한 저는 "팔뚝에 모기가 앉았어." 하고 알려주었습니다. B는 그제야 알아차렸다는 듯 손으로 모기를 쫓았지요. 그런데 그 뒤에도 B는 가려워하는 기색이 전혀 없었습니다. 모기가 꽤 오랫동안 앉아 있었으니 분명 피를 빨았을 텐데 말이죠. 그래서 제가 "안 가려워?" 하고 물었더니 "아니. 왜?" 하고 대답할 뿐 역시 긁을 생각은 하지 않더군요.

'피부가 어쩜 저렇게 둔감할 수 있지?'

저는 놀랍고 어이가 없어서 "네 피부 좀 만져볼게." 하

둔감한 사람이 예민한 사람보다

더 오래도록 느긋하고 여유로우며

건강한 삶을 누릴 수 있습니다.

고는 그의 팔을 자세히 살펴보았습니다. 정말 고무공처럼 탱탱하고 탄력 있는 구릿빛 피부였습니다. '이런 피부는 타고나는 게 아닐까?' 하는 생각이 절로 들더군요.

B 정도의 피부를 가졌다면 정글에서 거머리나 진드기를 만나도 전혀 두렵지 않을 것 같았습니다. 물론 아토피 같은 피부염에 걸리는 일도 없을 테고요.

예민할수록
더 아프다

앞에서 살펴본 오감뿐만 아니라 관절이나 근육이 민감한 경우도 있습니다.

제가 아는 K라는 사람은 날씨의 변화를 미리 감지하는 대단한 능력을 가졌습니다. 하늘이 맑아서 "오늘은 날씨가 참 좋네요."라고 말하면 K는 "아니요. 곧 구름이 몰려오면서 비가 내릴 거예요." 하고는 기상청 예보관처럼 답하곤 했습니다. "이렇게 맑은 날에 비가 온다고요?" 하고 의아한 표정으로 물으면 K는 "두고보세요."

라며 자신 있게 말했죠.

K가 그렇게 자신 있게 날씨를 예측하는 데에는 비결이 있었습니다. K는 원래 류머티즘을 앓아서 전부터 관절통에 시달려왔습니다. 그래서 저기압이 가까이 다가오면 관절이 쿡쿡 쑤시기 시작하고 머리카락도 습기를 빨아들여 묵직해진다고 하더군요. 병 때문에 민감해진 관절이 기압의 변화를 재빠르게 감지하면서 날씨가 나빠진다는 사실을 미리 알아차리는 것이었습니다.

처음에 K가 날씨를 정확히 알아맞혔을 때는 "굉장히 민감하시네요!" 하며 감탄했습니다. 그런데 K는 저를 보며 이렇게 답했습니다.

"저는 이렇게 예민한 관절과 몸이 싫어요. 아무것도 모르면 몸도 마음도 훨씬 편안할 텐데……."

한숨 쉬는 K의 모습을 보며 저는 아무 말도 할 수 없었습니다.

예전처럼 일기예보가 없었던 시대라면 모를까, 지금처럼 인공위성과 슈퍼컴퓨터까지 이용해 날씨를 예측하는 시대에는 관절통으로 날씨의 변화를 미리 안다 한들 괴롭기만 할 따름입니다. 만약 주변에 근육경직이나 통증으로 날씨 변화를 감지하는 사람이 있다면, 지병으로 몸이 지나치게 민감해졌을 가능성이 높은 사람이라고 생각해도 무방할 것 같습니다.

지금까지 오감 등의 다양한 감각기관이 예민할 경우 우리 생활에 어떤 불편을 초래하는지 살펴보았습니다. 이쯤 되면 민감하다는 말이 꼭 긍정적인 것만은 아니라는 사실을 충분히 이해했으리라 믿습니다.

예민한 것보다는 둔감한 편이 낫습니다. 둔감한 사람이 예민한 사람보다 더 오래도록 느긋하고 여유로우며 건강한 삶을 누릴 수 있죠. 여기까지 읽은 후에 '나는 참 둔감한 사람이었구나.' 하고 깨달았다면 당신은 그야말로 엘리트입니다. 당신의 둔감함에 박수를 보냅니다.

어디서든
잘 자는 사람은
이길 수 없다

──────────── 수많은 둔감력 중에서도 으뜸
은 잘 자는 것입니다. 저는 이런 능력을 '수면력'이라
부릅니다.

수면력은 일상을 활기차게 만들어주고, 건강을 지켜
주는 원천입니다. 제대로 자지 않으면서 건강하게 생활
하고, 누군가를 사랑하며, 열심히 일할 수 없죠. 잘 자는
것 역시 아무나 가질 수 없는 뛰어난 재능입니다.

지금부터 잘 자는 능력, 즉 수면력이 가져다주는 삶의
풍요로움에 대해 알아보도록 하겠습니다.

남들보다 6만 시간 더 자는
속 편한 사람

수면력이란 단순히 잘 자는 것만을 뜻하지 않습니다. 그와 동시에 상쾌하게 일어나는 각성력도 필요하죠. 언제든 잘 자고 잘 일어나려면 무엇보다도 푹 자는 게 중요하므로 두 가지를 포괄해 '수면력'이라 부르겠습니다.

수면력이 뛰어나서 잘 자고 잘 일어나는 사람에 비해, 수면력이 뒤떨어져서 잠을 설치고 아침에 일어나기 힘들어하는 사람은 인생을 살면서 얼마나 손해를 보는지 모릅니다. 그 차이는 간단히 계산하기 힘들 정도죠.

사람이 하루 평균 7시간을 잔다고 계산해보면, 베개에 머리를 대자마자 곯아떨어지는 사람과 한동안 뒤척이다가 간신히 잠드는 사람은 보통 2시간의 수면 시간 차이가 발생합니다. 제대로 자지 못한 사람은 보통 아침에 일어나서도 2시간 동안은 머리가 멍해서 제대로 일을 하지 못하니, 합하면 하루에 4시간 정도 손해를 보는 셈이죠.

이렇게 하루 4시간씩 한 달 30일을 곱하면 120시간, 1년 365일을 곱하면 1,460시간을 그냥 보내게 됩니다.

사람이 가장 왕성하게 활동하는 20대에서 60대까지, 40년 동안을 이렇게 보낸다고 생각해보십시오. 무려 5만 8,400시간이 우리 인생에서 무의미하게 사라지는 겁니다. 이 시간을 얼마나 효율적으로 보내느냐에 따라 인생의 질도 달라지지 않을까요? 아마 어떤 방식으로든 수면력이 약한 사람이 수면력이 강한 사람을 앞설 가능성은 상당히 낮을 것입니다. 물론 시간적 여유가 생기더라도 그 시간을 헛되이 흘려보낸다면 아무 소용이 없겠지만 말입니다.

실제로 자기 분야에서 나름의 성공을 거둔 사람은 대부분 수면력이 뛰어납니다. 저도 그런 사람을 여럿 만나봤는데 모두 약속이라도 한 듯 "눕자마자 잠들어서 아침이면 벌떡 일어납니다."라고 대답하더군요.

이처럼 수면력이 뛰어나면 인생에 긍정적인 변화를 불러올 수 있습니다. 그래서 저는 잘 자고 잘 일어나는 사람을 '잠자는 숲속의 어른'이라고 부릅니다.

잘 자고 잘 일어나는
수면 습관의 힘 역시
훌륭한 둔감력의 하나입니다.

잘 자고 잘 일어나는
수면 습관의 힘

잘 자는 것도 훌륭한 능력이라고 말하는 가장 큰 이유는 잠이 모든 체력의 기초가 되기 때문입니다. 사람을 포함한 모든 동물은 잠을 자면서 체력을 보충하고, 다음 날 활동할 힘을 충전합니다. 사람이든 사자든 개든 고양이든 잠을 통해 기운을 얻어야 몸도 두뇌도 활발히 움직이죠.

"잘 자는 아이가 쑥쑥 큰다."라는 말이 있을 정도로 잠은 성장의 핵심입니다. 잠을 제대로 자지 못하는 아이는 그만큼 성장 속도가 떨어지죠.

잠은 체력을 회복하는 데에도 으뜸입니다. 아무리 피곤해도, 몸과 마음이 완전히 방전되어도, 8시간에서 10시간 정도 푹 자고 일어나면 체력이 원상태로 회복됩니다. 잠든 동안 단순히 눈만 붙이는 게 아니라 잃어버린 체력도 복구하는 것이죠. 우리가 밤에 잠을 자는 이유는 하루의 피로를 풀기 위해서입니다. 그렇게 하룻밤 푹 자고 나면 다음 날 또 상쾌한 기분으로 일어나 해야 할 일에 온전히 집중할 수 있죠.

지금은 모두 사라졌겠지만, 예전에는 '잠을 재우지 않는 고문'이 있었습니다. 사람을 작은 방에 가두고 끊임없이 빛을 비추거나 날카로운 소리를 들려줘서 잠들지 못하게 하는 방법이죠. 이 고문이 계속 이어지면 아무리 의지가 강한 사람도 잠을 자지 못해서 정신이 갈기갈기 찢겨 결국에는 미치고 맙니다. 이렇듯 수면은 몸뿐만 아니라 머리와 마음까지 휴식하게 합니다. 잠을 자지 않으면 두뇌가 제대로 작동하지 않고 결국에는 정신에 이상이 생겨버립니다.

저는 다행히도 아주 잘 자는 편입니다. 잠자리에 누우면 2, 30분은커녕 10분 안에 잠들어버리죠. 피곤할 때는 머리를 대자마자 기절하듯 잠 속으로 빠져듭니다. 젊을 때부터 어디서든 잘 잤는데 나이 든 지금도 마찬가지입니다. 잠들기 좋은 환경을 조성할 필요도 없습니다. 침대에 눕든 의자에 기대앉든 편안한 자세로 눈만 감으면 스르르 잠이 들죠.

지방으로 강연을 가기 전날 늦게까지 일하거나, 술자리가 길어져 잠이 부족할 때는 특히 더 잘 잡니다. 집에서 공항까지 차로 이동하는 동안 자고, 공항에 도착해서 비행기를 타면 또 자고, 비행기에서 내려 강연장까지 이동하는 차 안에서 또 자다가 강연장에 도착할 무렵에야 상쾌한 기분으로 일어나 예정대로 강연을 마치는 일도 적지 않죠.

그런 저를 보며 비서인 M은 고개를 절레절레 내젓지만, 저는 언제 어디서든 잘 자는 수면력을 재능이라고 생각합니다. 이 재능을 가진 덕분에 벅찬 일정도 잘 소화해왔다고 자부합니다.

물론 일어나기도 벌떡벌떡 잘 일어납니다. 눈을 뜬 뒤 얼굴만 한 번 쓱쓱 비벼주면 금세 개운해집니다. 잠에서 깨는 데 시간이 오래 걸린다면 일어나자마자 강연을 하지도 못하겠지요.

제가 이런 수면력을 익힐 수 있었던 건 아마 의사 시절에 했던 훈련 덕분일 겁니다. 대학병원에서 일할 때 저는 낮에는 외래환자와 입원환자를 진료하고, 밤에는 다양한 실험을 진행해야 했습니다.

실험 중에는 2시간 간격으로 무엇인가를 확인해야 하는 실험도 있었습니다. 낮에는 물론 한밤중에도 확인을 해야 했는데, 그게 보통 고역스러운 일이 아니었습니다. 정확히 2시간에 한 번씩 실험을 확인하려면 거의 밤을 새우다시피 해야 했죠. 그러다 보면 피곤해서 낮에 환자를 제대로 볼 수 없었습니다. 밤에 잠을 자자니 2시간마다 일어날 자신이 없고, 안 자자니 다음 날을 제대로 버틸 자신이 없고, 정말로 진퇴양난이었습니다.

그래서 저는 2시간마다 일어나는 훈련을 해보기로 했습니다. 우선 맥주를 마시고 바로 눈을 감는 방법을 썼습니다. 화장실에 가고 싶어서 잠이 깨도록 말이죠. 그런데 더 깊이 곯아떨어져 일어날 시간을 깜빡 놓치거나, 화장실에 빈칸이 없는 꿈을 꾸고는 화들짝 놀라 예정된 시간보다 먼저 잠에서 깨는 경우가 많았습니다. 술의 힘을 빌리는 건 아무래도 실패였죠.

이런저런 시행착오를 거친 끝에 잠자기 전 최면을 걸듯 "두 시간 후에는 일어나는 거야." 하고 제 자신에게 몇 번씩 말하는 방법에 도달했습니다. 이 방법이 가장 효과적이어서 마침내 일어날 시간을 놓치지 않게 되었죠. 그 덕에 저는 지금까지도 일어나야겠다고 마음먹은 시간이 되면 알람 시계 없이도 잘 일어나는 능력을 가지게 되었습니다.

의국에는 잠에서 잘 깨지 못하는 동료도 있었습니다. 그런데 외과의사는 잘 자고 잘 일어나는 게 기본 중의 기본입니다. 당직 날 밤에 언제 어떤 응급환자가 실려 올지, 입원환자의 상태가 어떻게 급변할지 모르기 때문이죠.

촌각을 다투는 위급 상황이 생겼을 때 간호사가 "선생님, 어서 일어나세요!" 하고 몇 번이나 깨운 끝에 간신히 일어난다면 환자들이 그 의사를 신뢰할 수 있을까요? 의사가 비몽사몽으로 환자를 본다면 그 환자의 목숨은 위태로울지도 모릅니다. 이렇게 사람의 목숨을 책임져야 하는 사람이 잠기운 하나 이겨내지 못한다면 자격 미달이라고 해도 틀린 말은 아닐 겁니다.

왜 오늘도 나는
쉽게 잠들지 못할까

불면증에 시달리는 사람은 자기 싫어서 안 자는 게 아닙니다. 자고 싶은 마음은 굴뚝같은데, 잠들지 못할 뿐이죠.

쉽게 잠들지 못하는 이유는 여러 가지가 있습니다. 고민이 많거나, 지나치게 피곤하거나, 신경이 몹시 예민하거나, 또는 수면제에 습관적으로 의존하거나, 우울증을 앓는 등 다양한 이유로 사람들은 불면증에 시달립니다.

개중에는 불면증을 호소하는 것이 순수하고 예민한 예술가의 이미지를 풍기는 데 도움이 된다고 착각하는 사람도 있더군요. 하지만 요즘 세상에 그런 사람은 허약해 보이기만 할 뿐입니다. 주변 사람들에게 인정받지도 못하고, 실제로 큰일을 해내는 경우도 거의 없죠.

그런데 수면력이 약한 사람에게는 공통적인 특징이 있습니다. 바로 생각이 너무 많다는 점입니다. 그런 사람이 약에 의존하기 시작하면 문제는 더욱 심각해집니다. 며칠 정도야 괜찮지만 하루가 멀다 하고 수면제를 복용하다 보면 내성이 생겨 약 없이는 잠들지 못하게 됩니다. 약 때문에 몸이 상하고, 몸이 상하면 고통 때문에 잠들지 못하고, 잠들지 못하면 더 많은 양의 수면제를 복용하는 악순환에 빠지는 거죠.

그렇다면 불면증은 어떻게 치료해야 할까요?

전쟁이 터지면 군인들은 쉴 새 없이 강도 높은 훈련과 노동에 시달립니다. 그래서 잠깐 숨 돌릴 틈만 생기면 길바닥이든 풀밭이든 가리지 않고 기대어 자투리 잠을 청하죠. 이렇게 체력을 극한까지 소진하면 어떤 상황에서든 잠들 수 있습니다. 그러나 요즘 같은 평화로운 시대에 불면증이 있다고 해서 전시 상황처럼 생활할 수는 없습니다. 물론 전쟁이 일어나서도 안 되고요.

오늘날 불면증을 치료하는 가장 좋은 방법은 불필요한 생각을 하지 않으려고 노력하는 것입니다. 쓸데없는 생각은 아니 함만 못합니다. 아무리 고민해봤자 해결되지 않는 일은 훌훌 털어버리는 것이 좋습니다.

또 잠이 오지 않는다고 초조해하면 안 됩니다. 불면증을 겪는 사람 대부분은 '빨리 잠들어야 한다'는 강박에 시달립니다. 그럴 땐 차라리 '잠들기를 포기하자.'라고 생각하는 게 오히려 도움이 됩니다. 물론 처음에는 불면의 밤이 이어질지도 모릅니다. 하지만 계속해서 마음을 편하게 먹으려고 노력하다 보면 언젠가는 잠들게 됩니다. 잠은 인간이 가진 자연스러운 본능이기 때문이죠.

반대로 세상에는 잠들지 못한 경험이 단 한 번도 없는,

언제 어디서나 잘 자는 사람이 있습니다. 제가 아는 어느 아주머니도 정말 잘 자는 사람 가운데 한 명입니다. 그 아주머니와 차에서 나란히 대화를 나누다가 '응? 왜 대답이 없지?' 하는 생각에 옆을 보면 어느새 곤히 잠들어 있곤 하니까요. 그 모습을 보면 정말 대단하다고 할 수밖에 없습니다.

그 아주머니는 전철이나 버스 안에서도 금세 잠이 든다고 합니다. 얼마 전에는 친구들과 1박 2일로 온천 여행을 다녀왔는데 버스가 출발하자마자 잠들어서 온천에 도착한 뒤에야 눈이 번쩍 뜨였다고 합니다. 아마 아주머니는 저녁 식사 때 "어서 먹자." 하며 제일 먼저 젓가락을 들고 달려들었을 게 분명합니다. 회비가 아깝지 않을 만큼 술과 음식을 마음껏 즐긴 후에는 다시 잠을 푹 잤을 테고요.

물론 아주머니는 잘 자는 만큼 언제 만나도 활력이 넘치고 피부도 반짝반짝 윤기가 돌아서 나이보다 훨씬 젊어 보입니다. 이에 반해 "나는 차 안에서는 절대 못 자고 이불이나 베개만 바뀌어도 잠을 설친다."라는 사람도 있습니다. 그런 사람은 병에 더 잘 걸리고 수명도 짧은 편이라고 합니다.

　이렇게 보면 수면력이야말로 사람이 가장 기본적으로 갖춰야 할 중요한 능력입니다. 여러분도 부디 수면력을 익혀서 '잠자는 숲속의 어른'이 되기를 바랍니다.

누가 뭐래도
나를 사랑하는 게
먼저다

—————————— 둔감력을 기르려면 '우쭐하는 재능'도 필요합니다. 다르게 표현하자면 '잘난 체하며 뽐내는 능력'이죠.

보통 우쭐대거나 잘난 체한다고 하면 경박하고 부끄러운 행동이라고 여깁니다. 하지만 남들이 보기엔 불편한 그 행동이 때로는 한 사람의 마음속에서 기대 이상의 큰 효력을 발휘하기도 합니다. 그러려면 우선 우쭐할 수 있도록 칭찬해주는 사람이 있어야 합니다.

근거 없는 자신감도
능력이다

제가 나오키상이나 아쿠타가와상을 목표로 하는 신인 작가였을 무렵, 니시신주쿠에 있는 작은 음식점이나 술집이 다닥다닥 붙은 낡은 건물이 많았는데, 제가 가던 바는 그런 건물 1층에 반원형 카운터를 둔 대여섯 평짜리 자그마한 공간이었죠. 그 가게를 여사장님 혼자 운영했는데, 그분의 밝은 웃음소리가 가게 안에 가득 울려 퍼지곤 했습니다.

저는 자신감이 떨어지거나 불안해질 때면 으레 혼자서 그 술집으로 향했습니다. 새로 쓴 원고를 편집자에게 건넨 뒤 지면에 실릴지 그대로 반송될지 전전긍긍할 때나, 작가로서의 삶에 대한 자신이 없어 마음이 흔들릴 때면 카운터 자리에 앉아 여사장님에게 중얼중얼 하소연하곤 했죠.

"도무지 자신이 없어요……."

그러면 여사장님은 언제나 솥뚜껑처럼 큼지막한 손으로 제 어깨를 툭툭 내리치면서 큰 목소리로 말했습니다.

94
여섯

"괜찮아요. 당신은 재능이 있잖아요."

그 순간 어깨가 꽤 아팠지만, 그와 동시에 '저렇게까지 호언장담하는 걸 보면 정말 잘될지도 몰라.' 하는 생각으로 자신감이 되살아났죠.

자고로 사람이란 확신으로 가득 찬 말을 여러 번 되풀이해서 듣다 보면 차츰 그 말을 믿게 됩니다. 누가 봐도 수상하기 짝이 없는 신흥종교에 사람들이 빠지는 이유도 교주의 신념에 찬 목소리 때문일 가능성이 높습니다.

물론 사이비 종교에 빠져 헤어나지 못하면 문제가 있습니다. 그러나 힘을 북돋아주는 긍정적인 말을 있는 그대로 받아들여 마음속에 심는 것은 결코 나쁜 일이 아닙니다. 실제로 저는 여사장님의 말을 들을 때마다 용기와 자신감을 얻곤 했습니다. 그분이 단호한 말투로 "당신은 재능이 있어요." 하고 말해주면 속으로 '그래, 나는 분명히 재능이 있어.' 하며 확신했죠.

사실 말은 그렇게 해도 여사장님이 제 소설을 읽어본 적은 단 한 번도 없습니다. 저의 재능이 어쩌고저쩌고하는 얘기는 아무런 근거가 없는 텅 빈 위로의 말에 불과했죠. 그런데도 저는 제가 잘될 거라고 믿었습니다. 여사장님의 말을 곧이곧대로 받아들이며 우쭐하곤 했습니다.

칭찬의 말을 들었을 때 그대로 믿고 으스대는 것도 재능입니다. 자신감이 없을 때나 선택이 망설여질 때, 생각의 늪에 빠져 허우적대는 건 아무런 도움이 되지 않습니다. 쓸데없는 생각에 골몰하기보다는 자신감을 갖고 좀 더 담대하게 앞으로 나아가야 합니다. 우물쭈물 망설이면 한 발자국도 내디딜 수 없습니다. 오히려 슬금슬금 후퇴하고 말지도 모르죠.

물론 결정을 망설이는 당신에게는 이런저런 조언을 하는 사람이 많을 것입니다. 그렇다면 그중에서 가장 듣기 좋은 말, 가장 즐겁고 의욕이 샘솟게 하는 말을 믿고 한 걸음 앞으로 나아가세요.

앞날이 불안하기만 한 신인 작가 시절, 걸핏하면 자신감을 잃고 주저앉으려는 저를 지탱해준 것은 단골 바 여주인의 말 한마디였습니다. 아무런 근거도 없이 밝고 확신에 찬 그녀의 응원이 제게는 큰 힘이 되었습니다.

그렇습니다. 근거 따위는 아무래도 상관없습니다. 그보다는 상대방이 해주는 듣기 좋은 말을 곧이곧대로 받아들여 우쭐하는 단순함이 중요합니다. 이것이야말로 좋은 의미의 둔감력입니다.

칭찬을 칭찬으로
받아들이는 법

'상대방의 칭찬을 단순하게 받아들이고 우쭐하는 능력'
의 중요성을 보여주는 또 다른 사례를 들어보겠습니다.

A는 화단에서 모르는 사람이 없을 정도로 유명한 화
가입니다. 저는 언젠가 A에게 "왜 화가가 되셨어요?"
하고 물어본 적이 있습니다. A는 다음과 같이 대답했죠.

A가 초등학교 저학년이었을 때 집에서 그림을 그리
고 있는데, A네 집에 놀러 왔다가 돌아가던 옆집 아주
머니가 우연히 그림을 보고는 이렇게 말했다고 합니다.

"와! A는 그림을 참 잘 그리는구나. 깜짝 놀랄 정도야."

그 칭찬 한마디가 무척 흐뭇했던 A는 더욱 열심히 그
림을 그렸습니다. 그리고 며칠 뒤 A의 집에 들른 아주
머니가 또다시 그림 실력을 칭찬해주었죠.

"대단하다. 전보다 실력이 훨씬 더 늘었네."

A는 그 말이 기뻐서 계속 그림을 그렸고, 아주머니는 그림을 볼 때마다 칭찬을 아끼지 않았습니다. 아주머니의 칭찬은 A가 그림에 몰두하는 에너지원이 되었죠. '칭찬'이라는 동기와 '노력'이라는 행위. 이 두 가지가 톱니바퀴처럼 맞물려 좋은 방향으로 회전했을 뿐인데 A는 어느새 화가가 되었다고 하더군요.

"칭찬을 받으면 열심히 한다. 그게 다예요."

A는 겸연쩍은 듯 말했지만, 이것이야말로 상대방의 말을 단순하게 받아들여 우쭐하는 능력이 얼마나 중요한지 보여주는 좋은 사례입니다. 옆집 아주머니가 무심코 던진 칭찬 한마디에 계속 우쭐해서 그는 어느덧 뛰어난 화가가 되었으니까요.

A가 훌륭한 화가로 성장할 수 있는 계기를 마련해준 사람은 분명 옆집 아주머니입니다. 그리고 A는 상대방의 칭찬을 곧이곧대로 받아들여 우쭐하는 재능을 가진 사람이었죠. 바로 이렇게 사람은 칭찬과 자신감을 통해 성장합니다.

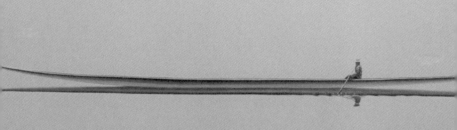

우쭐대거나 잘난 체하는 것을
부끄러운 행동이라 여깁니다.
하지만 불편한 그 행동이 때로는
한 사람의 마음속에서 기대 이상의
큰 효력을 발휘하기도 합니다.

운명의 톱니바퀴를 돌리는
칭찬의 힘

저도 비슷한 경험이 있습니다.

저의 중학교 1학년 담임이었던 나카야마 슈조 선생님
은 훌륭한 국어 선생님이었습니다. 선생님은 항상 어떻
게 하면 제자들이 한자를 쉽게 익힐 수 있을까 고민했
습니다. 선생님은 받아쓰기 시험을 운동경기의 토너먼
트 형식으로 구성해 대진표와 순위표를 만들기도 하면
서 제자들이 최대한 재미있게 공부할 수 있도록 해주었
습니다. 덕분에 제자들은 게임을 하듯 즐겁게 한자를 익
힐 수 있었죠.

시(詩)를 가르쳐주실 때도 세세한 글귀 해석에 얽매
이지 않았습니다. 낭랑한 목소리로 읊으신 후에 "참 좋
지?", "어떻게 생각해?", "어떤 느낌이 들었어?" 하며
묻곤 했죠. 선생님은 제자들의 감수성을 길러주기 위해
부단히 노력했습니다.

선생님은 학교에서 《원시림(原始林)》이라는 시 잡지의
발행을 주관하셨던 터라 우리에게도 때때로 자작시를

짓게 했습니다. 그때 우연히 제가 지은 시를 보시고는 "네 생각을 떠오르는 대로 솔직하게 표현한 점이 참 좋구나."하며 크게 칭찬해주었습니다.

그 칭찬은 저를 무척 기쁘게 했고 그때부터 국어가 좋아졌습니다. 그래서 다양한 책을 읽기 시작했더니 또 칭찬을 받아서 책 읽기를 더더욱 좋아하게 되었죠. 톱니바퀴가 잘 맞물려 좋은 방향으로 회전한 것입니다.

지금도 분명하게 말할 수 있습니다. 나카야마 선생님 덕분에 국어가 좋아졌고, 선생님의 칭찬이 소설을 쓰는 계기가 되었다고 말이죠. 그때 나카야마 선생님을 만나지 못했더라면 지금쯤 저는 전혀 다른 직업을 가졌을지도 모릅니다. 중학교 1학년 때 나카야마 선생님의 칭찬을 듣고 기뻐하며 우쭐한 뒤로 글쓰기에 열중하게 된 것만은 틀림없는 사실이니까요.

말 한마디에
사람의 재능이 꽃핀다

초등학생이나 중학생 같은 어린아이는 반드시 좋은 점을 찾아내 칭찬해주어야 합니다. 물론 오냐오냐하면서 갖은 응석을 다 받아주는 건 삼가야 하지만, 좋은 부분을 발견하면 그 자리에서 바로 칭찬해줘야 합니다.

"와! 이걸 진짜 잘하는구나. 정말 대단해."

"이 부분은 정말 좋아. 아주 잘했으니까 열심히 해보렴."

아이들은 단순해서 칭찬을 들으면 금세 우쭐합니다. 이런 태도를 가벼이 넘기지 말고 무엇이든 좋은 점을 발견하면 곧바로 칭찬해주세요. 그러면 아이는 기쁜 마음에 더 열심히 합니다. 열심히 하니까 더욱 잘하게 되고, 잘하니까 또 칭찬을 받고, 칭찬을 받으니까 더더욱 열심히 하게 됩니다. 톱니바퀴가 좋은 방향으로 굴러가기 시작하는 거죠.

아무리 뛰어난 재능을 가진 사람도 매일 "너는 부족해.", "너는 머리가 나빠."라는 말을 들으면 정말로 쓸

모없고 멍청한 사람이 되고 맙니다.

아이에게 항상 "너는 멋있어.", "정말 귀여워."라고 말해주면 진짜로 예쁘고 귀엽게 자랍니다. 반대로 늘 "너는 못생겼어.", "귀엽지 않아."라고 말하면 정말 볼품없는 어른으로 성장하고 말죠.

말은 참으로 중요합니다. 말 한마디가 사람을 꽃피게 할 수도, 시들게 할 수도 있죠. 재능도 마찬가지입니다. "저 사람은 재능이 있지만, 이 사람은 재능이 없어."라는 말을 흔히 하는데, 겉으로 드러난 모습만 보고 섣불리 판단하는 건 아닌지 고민해봐야 합니다.

재능은 있거나 없는 게 아니라 얼마나 끄집어냈는가의 문제입니다. 세상에서 말하는 '재능 있는 사람'은 누군가가 알맞은 때에 적절한 방법으로 재능을 끄집어내준 것입니다. 재능이 없는 사람은 잠재된 재능을 발휘하도록 도와준 이가 아무도 없었을 뿐이죠.

재능 있는 사람은 주변에 반드시 그를 칭찬해주는 사람이 있고, 본인도 그 칭찬을 곧이곧대로 받아들여 우쭐하는 능력을 갖고 있습니다. 상대방의 말을 듣고 우쭐하며 자신감을 갖는 것은 경박하고 꼴사나운 게 아닙니다.

오히려 미래를 향해 더 크게 날갯짓할 수 있는 멋진 둔
감력을 갖춘 것이죠.

둔감한 몸에는
질병조차
찾아오지 않는다

──────────── 꽤 오래전에 친구 스무 명 가까
이와 함께 다테시나라는 지역으로 골프 여행을 떠난 일
이 있습니다. 도쿄에서 아침 일찍 출발해 현지에 도착하
면 곧바로 한 라운드를 돌고, 인근 숙소에서 하룻밤 묵
은 뒤 다음 날 한 라운드를 더 돌고 돌아오는 1박 2일 일
정이었죠.

오랜만에 무덥고 답답한 도시를 벗어난다는 생각에 다
들 소풍 가는 초등학생처럼 들뜬 마음으로 출발했습니
다. 그런데 예상치 못한 일이 벌어지고 말았죠.

나도 친구들과 함께
아프고 싶다

　현지에 도착해서 골프를 치고 숙소로 돌아갈 때까지는 아무런 차질도 없었습니다. 일이 벌어진 건 다 같이 저녁 식사를 마친 후였죠.

　우리가 묵은 전통 여관에서 저녁을 일식 코스로 대접해주었는데, 그중에 조금 상한 재료가 들어 있었던 모양입니다. 식사를 마치고 두세 시간쯤 지나자 모두 배가 살살 아파 오면서 설사를 하기 시작했죠. 저녁을 먹으면서 싱싱하지 않다고 생각한 요리가 있었는데, 아무래도 그 음식이 식중독의 원인인 듯했습니다.

　주인은 손이 닳도록 사과하며 부탁했습니다.

　"정말 죄송한데 이번 일은 비밀에 부쳐주시면 안 될까요?"

　여관에서 식중독이 발생하면 곧바로 보건소에서 영업정지 명령을 내릴 수도 있습니다. 신문에 기사라도 나면 여관 운영이 사실상 어려워지겠죠.

　"이대로 덮어만 주신다면 숙박 요금은 한 푼도 받지

않겠습니다."

손이 발이 되도록 비는 주인이 안쓰러워서 우리는 "요금도 안 받겠다고 하니 조용히 넘어가자." 하며 부탁을 들어주기로 했습니다. 그리고 각자 방으로 돌아가 일찍 자리에 누웠죠.

그런데 신기하게도 설사를 하지 않는 사람이 딱 한 명 있었습니다. P라는 친구였는데 스무 명 가까이 되는 사람들 사이에서 혼자만 복통이 없고 설사도 하지 않았습니다. 물론 자기 몫으로 나온 요리를 남김없이 다 먹었는데도 말이죠.

그날 밤 10시가 조금 지났을 무렵 P가 제 방문을 두드렸습니다. 저는 상태가 안 좋아서 누워 있었는데, 물어볼 게 있다고 하기에 자리에서 일어나 앉았습니다.

P는 머뭇머뭇 입을 열었습니다.

"저기……. 나는 왜 설사를 안 할까?"

P는 제가 전에 의사였으니 정확한 이유를 알려주리라 생각했던 모양입니다. 하지만 저는 외과의사여서 내과 쪽은 잘 몰랐습니다. P의 질문에 곧바로 대답할 만큼의 지식은 없었죠. 그래서 "다들 설사를 하는데 너만

멀쩡하니 오히려 잘된 일 아니야?" 하고 대답했습니다.

설사나 복통이 없으니 분명 좋아해야 하는데, P는 반대로 불만스러운 표정을 지었습니다. 그래서 덧붙여 말해주었죠.

"아마 상한 재료가 섞여 들어간 모양인데, 너는 그런 음식을 먹고도 아무렇지 않으니 얼마나 대단해? 상한 음식도 소화할 수 있는 튼튼한 장을 가졌다는 의미잖아. 그것도 일종의 재능이지. 안 그래?"

그러자 P는 "이게 재능이라고……?" 하며 고개를 갸웃했습니다. 그러고는 "나를 위로하려고 하는 말이겠지만, 사실 나도 너희랑 똑같이 설사를 하고 싶었어." 하고 말했습니다.

그 말에 저는 어안이 벙벙해졌습니다. 나이에 비해 한참 젊어 보이는 P의 심각한 얼굴을 보다가 그만 웃음을 터트리고 말았죠.

사람들은 보통 남과 다르다는 데에서 행복을 느낍니다. 예를 들어 남보다 좋은 집에 살거나, 비싼 옷을 입거나, 고급스러운 음식을 먹는 삶을 행복이라고 생각하죠. 하지만 몸에 대해서 만큼은 남들과 똑같아야 행복하다고 여기나 봅니다.

　다른 사람이 모두 맛있게 먹는 음식은 자기도 맛있게 먹고, 모두 깊이 잠들었을 때는 자기도 잘 자고, 모두 설사할 때는 자기도 설사하는 게 행복이다. 당시 P는 그렇게 생각했던 모양입니다.

흙바닥 먼지가 선물해주는 면역력 선물

　그나저나 대체 왜 P만 설사를 하지 않았을까요? 다 같이 상한 음식을 먹었는데 복통도 설사도 없었던 이유는 무엇이었을까요?

　저도 한때는 의사였고, P가 따로 물어보기도 했던 터라 이유가 무엇일지 한참 생각에 빠져 있었습니다. 그러다 문득 떠오른 답이 있었죠. P에게는 미안한 말이지만 아마도 살림이 넉넉지 않은 집안에서 자랐기 때문이 아닐까 싶더군요.

　지금이야 일본이 꽤 풍족해졌지만, 예전에는 자식이

여럿인 데다 부모들도 할 일이 많아서 아이들을 하나하나 충분히 보살필 여유가 없었습니다. 그래서 어린아이 혼자서 방바닥을 기어 다니며 방구석에 쌓인 먼지를 아무렇지 않게 입 안에 넣기도 했죠.

지금이라면 부모가 "얘야, 그건 먹는 게 아니야." 하면서 곧바로 먼지를 빼앗았겠지만, 그 당시에는 먼지를 좀 먹는 건 아무 일도 아니었습니다. 그래서 어렸을 때부터 아이들은 다양한 잡균을 먹으며 성장했죠.

"잡균을 먹다니, 말도 안 돼!" 하며 눈살을 찌푸리는 사람도 있겠지만, 집 안에 있는 잡균은 조금 먹어도 그리 문제가 되지 않습니다. 오히려 조금 지저분한 것을 먹어야 장내세균도 늘고 밖에서 들어오는 균에 대한 저항력도 생기죠.

추측건대 P는 어릴 때부터 다른 친구들보다 잡균을 더 많이 먹으며 자라서 체내의 저항력이 높아진 듯합니다. 그 저항력이 여관에서 먹은 저녁 식사 때 실력을 발휘해 상한 음식도 보란 듯이 소화했기에 혼자서만 설사를 하지 않았던 것이죠.

깨끗할수록
면역력은 떨어진다

P 이야기를 하다 보니 요즘 사람들의 저항력이 얼마나 떨어졌는지가 떠올라 새삼 걱정스럽습니다.

1996년, 오사카에 있는 어느 초등학교에서 급식을 먹은 아이들이 식중독균에 감염된 일이 있었습니다. 식중독은 가족의 2차 감염으로 이어져 모두 9,000명 넘는 환자가 꽤 오랫동안 고생을 했죠. 1995년에는 인도네시아 발리섬으로 여행을 다녀온 일본인 관광객 200여 명이 콜레라에 걸린 일도 있었습니다. 두 사건은 꽤 오래전의 일인데도 아직 제 기억 속에 생생하게 남아 있습니다. 바로 일본 사람들의 저항력이 얼마나 떨어졌는지를 보여주는 살아 있는 사례이기 때문입니다.

1995년 발리섬에서는 콜레라균이 돌았습니다. 그런데 콜레라에 걸린 사람은 일본인뿐이었습니다. 큰 소란이 일었음에도 현지인은 단 한 명도 콜레라에 걸리지 않았죠. 식중독 역시 마찬가지입니다. 9,000여 명이 단체로 식중독을 앓았다는 건 그만큼 일본인의 면역력이 약

둔감한 몸과 마음에는
질병조차 찾아오지 않습니다.

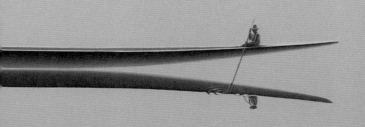

하다는 증거입니다.

　오늘날 일본의 공중위생 상태는 훌륭합니다. 공중위생 상태가 좋다는 건 아무래도 좋은 일이지요. 그러나 공중위생 상태가 좋아지면 좋아질수록 잡균은 박멸됩니다. 환경이 깨끗해질수록 잡균은 사라지고, 그와 동시에 우리 몸의 저항력도 약해져서 다른 균이 조금만 침입해도 순식간에 앓아눕게 되는 것입니다.

　우리는 보통 주위를 청결하게 유지해야 병에 걸리지 않는다고 생각합니다. 틀린 말은 아니지만, 사실 깨끗하면 깨끗한 대로 그 상태에서 번식하는 세균이나 바이러스가 또 생겨나죠. 이처럼 공중위생과 질병은 항상 쫓고 쫓기는 추격전을 하듯 멈출 줄을 모릅니다. 그러면 차라리 공중위생을 지나치게 신경 쓰기보다 적당한 선에서 타협하는 편이 낫지 않을까요? 그리고 P처럼 저항력을 가진 튼튼하고 둔감한 몸을 만드는 게 좋지 않을까요?

　당시 P는 약간의 잡균 정도에는 반응하지 않는 둔하고 강한 장을 가진 덕분에 설사를 하지 않았습니다. 반대로 다른 친구들은 사소한 균에도 지나치게 반응하는 민감한 장을 가졌죠. 그런 의미에서 둔감한 장을 가진 P는 분명히 멋진 승자였습니다.

얼마 전에 도쿄역 근처에서 우연히 P와 마주쳤습니다. 반가운 마음에 몇 분 동안 그 자리에 서서 이야기를 나눴습니다. 그러던 중 문득 골프 여행 때 있었던 일이 떠올랐습니다. '그때 상한 음식을 먹고도 설사를 하지 않았던 게 이 친구였지.' 하고 말이죠.

하지만 P는 그때의 일을 전혀 기억하지 못했습니다. 그런 일은 이미 오래전에 머릿속에서 지워버린 듯했죠. 대신 여전히 쩌렁쩌렁한 목소리로 얼마 전에 회사를 퇴직했노라고, 활짝 웃으며 이야기하더군요. 그러고는 손을 흔들며 사라졌습니다.

변함없이 당당하고 서글서글한 모습은 둔감해 보이면서도 어쩐지 멋스럽게 느껴졌습니다. 저는 P의 멀어져 가는 뒷모습을 보면서 생각했습니다.

'만일 천재지변이 일어나서 인류 대부분이 죽어도 P만은 살아남지 않을까? 환경위생이 최악으로 치달아 수많은 사람이 식중독이나 전염병으로 목숨을 잃어도 P만은 끝까지 버티지 않을까?'

그런 생각을 하며 P의 뒷모습을 바라보고 있자니 설

둔감한 몸에는 질병조차 찾아오지 않는다

사를 하지 않았던 골프 여행 때보다도 더 다부지고 멋
지게 느껴졌습니다.

결혼 생활에는
정답이 없다

둔감력은 결혼 생활에서 더욱 중요한 역할을 합니다. 결혼 생활이 오래도록 이어질지 아닐지, 두 사람의 장래가 밝을지 어두울지는 둔감력에 달려 있습니다.

결혼을 앞두고 있는 예비부부, 어떻게 하면 더 행복하게 살아갈 수 있을까 고민하는 세상의 모든 연인이 앞으로 들려줄 이야기에 귀 기울이면 좋겠습니다.

결혼 생활에는 정답이 없다

연애는 쉽고
결혼은 어려운 딱 한 가지 이유

　냉정하게 말해 결혼이란 한 쌍의 연인이 '일시적인 열정에 사로잡혀 한 가정을 이루고 좁은 집에서 함께 사는 것'입니다.

　결혼에 이르는 과정, 다시 말해 연애할 때는 당장의 즐거움에 마음을 빼앗겨 결혼 생활이 어떨지 상상조차 못합니다. 시쳇말로 콩깍지가 씌어 현실이 어떤지 구분하지 못하는 겁니다. 설령 두 사람 사이에 자잘한 문제가 있어도 모든 삶을 함께하고픈 마음이 워낙 크다 보니, 결혼 뒤의 문제는 대수롭지 않게 여깁니다. 문제는 서로 노력하고 고쳐나가면 그만이라고 생각하죠.

　바로 이게 문제입니다. 결혼 전에는 가볍게 여겼던 일들이 시간이 흐를수록 큰 문제로 발전하거든요.

　부부 사이에 갈등이 발생하는 가장 큰 이유는 좁은 집에서 둘이 함께 살기 때문입니다. "결혼은 원래 함께 사는 거잖아요!" 하고 반박할 수도 있습니다. 물론 틀린 말은 아닙니다. 분명 결혼은 함께 사는 걸 전제로 하는 거니까요. 그러나 그렇기에 상대방의 결점이 쉽게 눈에 들어옵니다.

연애할 때는 상대의 결점을 굳이 보려고 하지 않습니다. 따로 생활하니 결점을 볼 수 있는 기회도 없습니다. 그런데 함께 살다 보면 서로의 결점이 하나씩 드러나기 시작합니다. 지나치게 가까이에서 지내기 때문이죠. 지금부터 한 가지 사례를 살펴보겠습니다.

충격과 공포의
치약 튜브 사건

오래전, 한 편집자와 우리 집에서 회의를 했습니다. 해질 무렵이 다 되어서야 회의가 끝났는데 편집자가 갑자기 "조금만 더 있다 가도 될까요?" 하고 물었습니다. 저는 특별히 바쁜 일도 없고 회의하는 동안 가볍게 술잔도 기울였던 터라 흔쾌히 수락했습니다.

그런데 왜 갑자기 편집자가 그런 부탁을 했을까요? 저는 조금 걱정스러운 마음에 "무슨 일 있어?" 하고 물었습니다. 그러자 그는 조금 난처한 표정을 지으며 "사실은 오늘 출근하기 전에 아내랑 심하게 다퉜어요. 그래서 집에 일찍 들어가고 싶지 않아요." 하고 답하더군요.

솔직히 남의 부부 싸움에 감 놔라 배 놔라 간섭하고픈 생각은 없었지만, 마땅히 할 얘기가 없었기에 "왜 싸웠는데?" 하고 물어봤습니다. 편집자는 "치약 튜브 때문이에요."라고 말하며 다투게 된 경위를 털어놓았습니다.

편집자의 집에서 사용하는 치약 튜브는 재질이 매우 부드러워서 누르면 손가락 자국이 그대로 남는다고 합니다. 꼼꼼한 성격의 소유자인 편집자는 튜브의 그 움푹 팬 손가락 자국이 보기 싫어 매일 줄어든 만큼 밑에서부터 말아 올린다고 하더군요.

하지만 아내의 성격은 그와 정반대였습니다. 그녀는 사소한 것에 일일이 신경을 쓰지 않는 털털한 성격이라 아무 쪽이나 눌러서 손가락 자국을 남기곤 했습니다. 아내가 남긴 자국을 지우는 건 물론 남편의 몫이었고요.

그러다가 그날 아침, 편집자는 마침내 폭발해서 아내에게 한껏 잔소리를 쏟아붓고 말았습니다.

"당신! 치약을 쓰고 나면 나처럼 눌린 자국을 없애고

뒤에서부터 말아 올려줘. 당신이 눌러 쓴 뒤에 울퉁불퉁 손자국이 남아 있는 게 보기 싫다고!"

그러자 아내는 기다렸다는 듯 노려보며 "이왕 말이 나왔으니 나도 당신 행동 중에 마음에 안 드는 부분을 말해볼까?" 하고 단숨에 세 배쯤 불만을 쏟아냈다고 합니다. 사소한 잔소리가 큰 싸움으로 번진 거죠. 참 재밌고도 슬픈 이야기 아닌가요?

그런데 저는 그 이야기를 듣는 순간 감동하고 말았습니다. 참으로 멋진 이야기라고 생각했죠. 이 소재를 그대로 가져다 글을 쓰면 훌륭한 단편소설이 될 것 같았습니다. 제목은 '아침의 말다툼'이고요.

이 이야기의 멋진 부분은 큰 싸움을 한 이유가 너무도 사소하다는 것입니다. 만약 누군가가 바람을 피웠거나, 한 사람의 씀씀이가 너무 커서 재정적 어려움을 겪었다면 서로 화내며 부딪치는 것도 당연한 일입니다. 그런데 치약 튜브를 짜는 습관 하나로 큰 싸움을 벌였다니, 얼마나 재미있고 멋진 이야기인가요.

이 두 사람에게는 살짝 싫증은 느끼지만 이혼할 정도는 아닌, 조금 애정이 줄어든 중년 부부의 권태와 짜증이 또렷이 나타납니다.(참고로 치약 튜브 사건의 주인공인 편집자는 마흔한 살이었습니다.) 짐작건대 이 꼼꼼한 남편도 신혼 때는 이런 불만을 늘어놓지 않았을 겁니다. 오히려 아내의 손가락 자국을 보며 "어쩜 손가락 자국까지 이렇게 사랑스럽나." 하고 중얼거리며 그 자국에 입을 맞췄을지도 모르죠.

하지만 결혼한 지 십몇 년쯤 지나고 나니 손가락 자국은 용납할 수 없는 일이 되고 말았습니다. 그동안 사랑이 조금씩 식으면서 예전에는 너그럽게 넘어갔던 일이 이제는 분노로 변해 폭발한 것이죠.

정말이지 세월만큼 무서운 게 없습니다. 이런 일이 생긴 가장 큰 이유는 두 사람이 결혼해서 오랫동안 함께 살았기 때문이니까요.

이래도 좋고
저래도 좋은 잉꼬부부

아마 편집자네 부부는 치약 짜는 방식 외에도 마음 맞

지 않는 부분이 많았을 것입니다. 이건 이 부부뿐만 아니라 세상의 모든 부부가 마찬가지죠.

결혼이란 성격, 가정환경, 가정교육, 취향, 취미, 가치관이 모두 다른 두 사람이 사랑이라는 일시적인 감정에 사로잡혀 좁은 집에서 함께 사는 것입니다. 당연히 둘 사이에는 불평불만이 생기게 마련입니다.

많은 부부가 가벼운 말다툼을 하기도 하고, 참기도 하면서 결혼 생활을 이어갑니다. 그러나 이런 상태가 오래 이어지다 보면 사소한 불만이나 짜증이 가랑비에 옷 젖듯 차곡차곡 마음속에 쌓여가죠. 편집자 부부도 오랫동안 쌓인 불만이 때마침 치약 짜는 방식을 계기로 폭발한 데 불과합니다.

다만 여기서 기억해야 할 점은 이런 다툼에 정답이 없다는 사실입니다. 치약을 쓴 다음 밑에서부터 말아 두는 게 옳은지, 아무 데나 눌러 써도 상관없는지는 아무리 대화를 많이 나눠도 해결되지 않습니다. 이런 일은 신경 쓰는 사람은 계속 거슬리고, 신경 쓰지 않는 사람은 아무렇지도 않습니다. 연인이나 부부 사이에는 이렇게 정답을 찾을 수 없는 감각적이고 감정적인 문제가 많

둔감력은
부부 관계나 연인 관계를
지탱해주는 큰 힘이라는 사실을
잊지 말아야 합니다.

습니다. 중요한 건 그런 문제를 서로 이해하고 넘어가느냐, 충돌하느냐지요.

이럴 때 둔감력은 중요한 역할을 합니다. 앞에서 말한 치약 짜는 방식의 차이는 둔감한 사람에게는 문제가 되지 않습니다. 말아 두든, 안 말아 두든 둔감한 사람에게는 중요한 일이 아닙니다. 이런 배우자라면 애초에 싸움이 시작되질 않으니 상대방의 불평이 세 배로 되돌아오는 일도 없고 싸움이 커질 일도 없습니다.

물론 둔감한 탓에 때때로 배우자에게서 잔소리를 들을지도 모르죠. 하지만 그럴 때도 '별일 아닌 걸 가지고 잔소리하기는.' 하면서 한 귀로 흘려들으면 아무 일 없습니다. 이런 일이 반복되다 보면 결국 배우자도 반쯤 포기하고는 느긋하게 대처하게 될 겁니다. 부딪치는 일 없이 물 흐르듯 평화로운 일상이 이어지는 거죠.

그러나 원래 날카롭고 예민한 사람들은 그런 식으로 어물쩍 넘어가지 못합니다. 배우자의 행동 하나하나가 신경에 거슬리고 불만스러워서 스트레스에 시달리죠. 치약 튜브 사건을 일으킨 편집자는 '쌓이고 쌓이다가 결국 터졌다'고 했는데, 평소에 일일이 불만을 말했다면 이미 오래전에 부부 사이는 무너지고 말았을 것입니다. 다행히 쌓이고 쌓일 때까지 참았기에 지금까지 관계가 유지돼온 거죠.

결혼 생활을 오래 한 사람들은 입을 모아 "너무 예민하게 굴면 안 된다.", "좀 더 마음을 너그럽게 가져야 한다."라고 조언합니다. 그들 역시 울컥하는 마음에 다투기도 하겠지요. 하지만 그들은 크게 싸우는 일은 없을 겁니다. 왜냐하면 둔감력을 가지고 있기 때문입니다. 둔감력이 있으면 사소한 말다툼이 큰 싸움으로 번지는 일은 막을 수 있습니다. 결정적 순간에 서로 양보하고 물러서는 것, 바로 그게 결혼 생활의 지혜입니다.

그런데 원래 둔감한 사람은 그런 노력을 할 필요도 없습니다. 있는 그대로 자연스럽게 행동하면 결혼 생활을 원만하게 유지할 수 있습니다. 이 얼마나 편하고 훌륭한 능력인가요.

뒤집어 생각하면 결혼은 기나긴 인내의 여정입니다. "결혼해서 행복하다." 또는 "이 사람과 결혼하길 참 잘했다."라고 말하는 사람들이 있는데, 이들은 기나긴 인내 끝에 빛나는 열매를 거둔 행복한 사람들입니다. 그

결혼 생활에는 정답이 없다

리고 그 인내의 이면에는 멋진 둔감력이 숨어 있습니다.

둔감력은 두 사람의 관계를 지탱해주는 큰 힘이라는 사실을 잊지 마십시오.

암에 대처하는
둔감한 사람들의
현명한 자세

─────────── 암은 사람들이 가장 두려워하
는 병입니다. 주변에서 쉽게 발병하고, 치료하기도 어렵
기 때문입니다. 하지만 둔감한 마음을 가진 사람이라면
이야기가 다릅니다.

암의 예방, 치료, 사후 관리 등 모든 과정에서 둔감력
은 중요한 역할을 합니다. 둔감력을 가진 사람은 암을
예방할 수 있고, 암에 걸렸다 해도 가볍게 받아들일 수
있습니다. 암에 대처하는 방법은 둔감력 여부에 따라 크
게 달라집니다.

암의 예방과 치료,
치료 후 사회복귀까지
모든 상황에서 중요한 것은
마음가짐,
즉 둔감력입니다.

심리적 긴장이 불러온
건강의 적신호

암에 걸리는 이유는 무엇일까요? 지금까지 밝혀진 원인은 여러 가지입니다.

흡연, 음주, 다량의 염분이나 발암 식품 섭취, 배기가스나 매연 같은 질소산화물 흡입, 방사선이나 자외선 노출 등이 암을 유발하는 직접적인 원인으로 지목되고 있습니다. 이 밖에도 편식이나 비만, 유전, 바이러스, 면역력 저하 등도 암을 발생시키는 것으로 알려졌죠. 그리고 최근에는 자율신경의 불균형이 암의 새로운 원인으로 주목받고 있습니다.

세 번째 장 '마음은 둔감하게, 혈액순환은 시원하게'에서 다루었듯이 자율신경은 몸과 마음의 균형을 유지해주는 중요한 신경입니다. 당연히 자율신경에 이상이 생기면 암이 발생하기 쉽죠.

자율신경에 대해 한 번 더 설명하고 넘어가겠습니다. 자율신경이란 본인의 의지와 상관없이 혈관, 심장, 위장, 자궁, 방광, 내분비샘, 땀샘, 침샘, 췌장 등에 영향을 미치며 생체의 식물적 기능을 자동으로 조절하는 신경입니다. 참고로 식물적 기능의 반대말인 동물적 기능이란 자신의 의지대로 손발을 움직이거나 사물을 보거나 소리를 듣고 말하는 기능입니다. 자율신경에는 교감신경과 부교감신경 두 가지가 있고, 두 신경은 서로 반대로 작용합니다. 자율신경의 중추는 척수와 뇌간에 있습니다.

이처럼 자율신경은 본인의 의지와 상관없는 신체 활동을 조절한다고 여겨져 왔습니다. 하지만 이는 음식을 먹으면 위에서 소화하고 장에서 흡수하는 단순한 활동, 즉 장기의 기능적인 면만을 따졌을 때의 이야기입니다. 실제로는 각각의 단계에서 사람이 어떤 감정을 느끼느냐에 따라 소화나 흡수에 끼치는 영향이 미묘하게 달라지죠.

그 밖에도 충격과 공포를 느끼면 얼굴이 새파래지거나, 심장이 터질 듯 뛰거나, 위가 쿡쿡 쑤시는 경우가 있습니다. 긴장하면 자기도 모르게 손에서 땀이 나고, 시험이 시작되기 전에는 자꾸 화장실에 가고 싶어지기도 하죠. 이렇듯 마음가짐은 자율신경에서 내장 기관에 이르기까지 다양한 영향을 미칩니다.

자율신경이 원활하게 기능해서 몸과 마음이 늘 평온

암에 대처하는 둔감한 사람들의 현명한 자세

한 사람은 암에 잘 걸리지 않습니다. 암의 원인으로 지목되는 편식이나 비만도 자율신경의 균형이 깨져서 발생하는 경우가 많습니다. 걱정이나 스트레스가 심해 편식하다 보니 수척해지고, 고민이나 불만이 쌓여 폭식하다 보니 비만해지는 것이죠. 이렇듯 편식, 비만이라는 암의 원인 뒤에는 다양한 심리적 갈등이 숨어 있습니다.

마음을 건강하고 균형 있게 유지해서 자율신경이 안정적으로 작용하게 하려면 어떻게 해야 할까요? 이때 둔감력이 중요한 역할을 합니다.

만약 부모의 예민함을
아이가 물려받는다면

좋은 의미의 둔감력, 즉 무딘 신경을 가진 사람은 작은 일에 놀라거나 두려워하지 않습니다. 어떤 일이든 늘 차분한 마음으로 대처하기 때문이죠. 그러면 자율신경은 긴장하거나 과도하게 반응하지 않고 늘 균형 잡힌 상태를 유지합니다.

바꿔 말해 암을 예방하는 기본 원칙은 자율신경을 지나치게 자극하지 않는 것입니다. 실제로 60대까지 암에 걸린 사람과 그렇지 않은 사람을 비교한 통계를 살펴보면, 마음이 여려서 사소한 일을 지나치게 걱정하는 사람이 암에 더 많이 걸린다는 사실을 알 수 있습니다. 그만큼 예민한 사람이 암에 걸리기 쉽다는 얘기입니다.

앞에서 유전도 암의 원인으로 꼽힌다고 말했는데, 아직 유전학적으로 확실히 입증된 건 아닙니다. 그러나 다른 집안과 달리 암에 잘 걸리는 집안이 있는 건 분명합니다. 학자들은 이를 부모의 성격과 연관해서 설명하는데, 부모 중 한 사람이 매우 예민하면 자식도 암에 걸리기 쉽다는 것입니다. 예민한 부모와 한 공간에서 생활하는 아이는 성격이 예민해질 확률이 높고, 그러면 부모와 자식 모두 암에 걸릴 확률도 높아진다는 얘기죠.

물론 사람마다 차이가 있으므로 이러한 주장은 명백히 입증하기 힘들고, 정확한 데이터도 없습니다. 그러나 암의 원인이 유전이라는 가설을 뒷받침해준다는 점만은 확실합니다.

결론적으로 둔감력을 가진 집안은 암에 잘 걸리지 않

암에 대처하는 둔감한 사람들의 현명한 자세

는다고 해석할 수 있습니다. 사소한 일은 신경 쓰지 않는 느긋한 부모는 암에 걸릴 확률이 낮고, 그 밑에서 자란 아이도 성격이 여유로워져서 암에 걸릴 확률이 낮다고 말입니다.

단, 지나치게 둔감해서 건강검진을 소홀히 하거나 작은 징후를 무시하는 건 문제입니다. 그 부분을 조심하면서 느긋하고 유유하게 살아간다면 암에 잘 걸리지 않는다고 약속할 수 있습니다. 둔감력은 암을 예방하는 가장 큰 힘입니다.

겨우 이까짓 암에
무릎 꿇을 수는 없다

만일 운이 나빠서 암에 걸렸다 해도 둔감한 마음이 있으면 치유될 확률이 높습니다. 암 센터에서 근무하는 간호사에게 들은 이야기인데, 암 환자 중에서도 밝고 긍정적인 사람, 꼭 암과 싸워 이기겠다는 의욕이 강한 사람은 병이 나을 확률이 높다고 합니다. 반대로 이제 다 틀렸다고 포기한 채 우울하고 무기력하게 지내는 사람은 치유될 확률이 낮고요.

저도 A라는 지인을 보며 비슷한 느낌을 받은 일이 있습니다. A는 원래 간염을 앓았는데, 예순 살을 넘기면서 간암으로 발전했습니다. 하지만 A는 "이까짓 암한테 질 수야 없지!" 하고는 의지를 불태우며 직접 운영해온 가게 일을 손에서 놓지 않았죠.

A는 때때로 몸 상태가 안 좋아져서 입원을 하기도 했습니다. 그러다 몸이 괜찮아지면 곧바로 퇴원해 가게 문을 열었죠. 그렇게 쉽게 주저앉지 않는 긍정적인 생활 태도가 좋은 영향을 미쳤는지 A는 현재 담당 의사도 깜짝 놀랄 만큼 건강합니다. 어쩌면 A의 기백에 암세포도 겁에 질렸는지 모르죠.

사실 암세포는 숙주인 인간에게 의존해 살아가는 기생충에 불과합니다. 주인에게서 영양분을 얻어야만 살아남을 수 있는 가엾고 불쌍한 녀석이지요. 그러니 암세포 정도에 잔뜩 겁먹고 움츠러들 필요는 없습니다.

"이 녀석, 잘도 내 몸에 들러붙었겠다! 하지만 나한테 온 걸 보니 이제 네 운도 다한 모양이구나. 네놈 맘대로

암에 대처하는 둔감한 사람들의 현명한 자세

자라게 두지는 않겠다!"

이렇게 말하면서 위협하면 암세포도 겁을 집어먹습니다. 실제로 암세포는 생기 넘치는 활발한 녀석부터 힘 없고 발육이 더딘 녀석까지 가지각색입니다. 빠르게 증식하는 녀석도 있고, 게을러서 느릿느릿 움직이는 녀석도 있죠.

어쨌든 암에 걸린 사람이 어떤 마음가짐을 가지느냐에 따라 암세포의 운명은 완전히 달라집니다. 그리고 이때 중요한 게 바로 둔감력이죠. 암에 걸려도 '이깟 녀석, 쫓아내주겠어!' 하는 마음으로 느긋하게 받아들이세요. 때로는 '그래, 이왕 암에 걸렸으니 이 녀석이랑 친구가 되어 함께 인생을 즐기지, 뭐.' 하고 생각하는 것도 좋습니다. 어차피 벌어진 일이라면 밝게 긍정적으로 생각하는 게 두루 편하지 않을까요?

이렇게 둔감력을 발휘하는 것이 암의 진행을 멈추고 재발을 방지할 수 있는 가장 좋은 방법입니다.

결국 암은
불안함과의 싸움이다

운 좋게 암을 치료한 후에도 둔감력은 여전히 중요
합니다.

주변을 보면 암이 재발해서 목숨을 잃는 경우가 적지
않습니다. 그래서 암 환자에게는 '5년 생존율'이라는 말
을 자주 사용합니다. 암을 치료하고 5년 동안 재발하지
않으면 완치라고 봐도 좋다는 얘기죠.

암의 종류나 환자의 나이 등에 따라 조금씩 차이는 있
지만, 치료 후 5년간 어떤 마음가짐으로 생활하느냐가
재발 여부에 큰 영향을 미칩니다. 언제 다시 아플지 몰
라 전전긍긍하면 일차적으로 정신이 피폐해지고, 몸에
는 훨씬 더 나쁜 영향을 끼칩니다.

앞서 이야기했듯 심리적으로 불안해지면 자율신경이
자극을 받아 몸의 저항력이 약해집니다. 일단 치료를 마
치고 다 나았으니 자신감을 가져야 합니다. 벌벌 떨며
불안해하기보다는 마음을 차분하게 유지해야 하죠. 일
에 집중하면서 바쁜 일상을 보내면 암에 대한 생각을 떨

어차피 벌어진 일,
밝게 긍정적으로 생각하는 게
두루 편하지 않을까요?

쳐내는 데 도움이 됩니다.

이때 또다시 둔감력이 필요합니다. 기분 나쁜 일이나 우울한 일은 빨리 잊고, 늘 밝고 긍정적인 마음으로 살아가는 거죠. 그러면 혈액순환이 원활해지고, 몸의 저항력도 강해져서 온몸에 활력이 가득해집니다.

일본 적십자병원에서 외과 부장을 지낸 다케나카 후미요시 선생은 본인도 대장암을 앓은 경험이 있습니다. 다케나카 선생은 암 환자의 사회복귀를 돕는 '재팬 웰니스'라는 비영리단체를 운영했는데 "밝고 긍정적인 사람이 치료 후에도 경과가 좋다."라고 말씀하셨죠. 이처럼 암의 예방에서 치료, 사회복귀 후까지 모든 상황에서 긍정적인 마음가짐, 즉 둔감력이 필요합니다.

둔감력이 뛰어난 사람은 암에 걸려도 두려워할 필요가 없습니다. 아니, 그에 앞서 암에 걸릴 확률 자체가 아주 낮습니다. 그러니 자신이 둔감하다고 생각한다면 "나야말로 암조차 두려워하는 둔감력의 왕이다!"라고 당당하게 말씀하십시오. 여러분은 충분히 그런 자부심을 가지고 살아가도 좋습니다.

여성이 남성보다
더 강하고
둔감하다

──────────── "여자와 남자 중에 누가 더 약
할까?"

이런 질문을 던지면 대부분 "당연히 여자가 더 약하
지."라고 답합니다. 여성이 남성보다 약하다고 생각하
는 가장 큰 이유는 신체적 차이 때문입니다. 아무래도
남성이 여성보다 몸집이 크고 근육량도 많으니까요. 심
리적으로도 남성이 더 강하다고 생각하는 사람이 많습
니다. 남성보다는 여성이 가까운 사람에게 고민을 털어
놓고 조언을 구하는 경우가 많다고 생각하는 선입견 때

문일까요?

하지만 질문의 의도를 조금만 달리 생각하면 답은 바뀔 수 있습니다. 여성이 남성보다 근육량이 적다고, 고민이 더 많다고 정말 약한 존재일까요? 우선 신체적인 면에서부터 그 답을 찾아보도록 하겠습니다.

첫째는 딸,
둘째는 아들을 선호하는 진짜 이유

일본 속담 중에 "첫째는 딸, 둘째는 아들"이라는 말이 있습니다. 정확하게는 '첫째는 키우기 수월한 딸을, 둘째는 키우기 힘든 아들을 낳는 게 이상적'이라는 의미지요. 아이를 키우는 데 순서가 무슨 상관이냐는 사람도 있겠지만, 실제로 아들딸을 모두 키워본 부모들은 고개를 끄덕이는 경우가 많습니다.

여자아이는 남자아이에 비해 어릴 때부터 잠투정이 덜하고 주변이 조금 시끄러워도 잠에서 깨지 않습니다. 배탈이 나거나 감기를 앓는 일도 별로 없죠. 그에 반해 남자아이는 작은 소리에도 눈을 번쩍 뜨고 칭얼거리며 보채는 일이 많습니다. 감기도 잘 걸리고 배앓이를 하는 일도 잦죠. 그래서 남자아이는 모든 면에서 민감하고 키우기 어렵다고들 말합니다.

그 때문인지 예전 기록들을 보면 갓 태어난 아이들의 남녀 비율은 남자가 조금 높은 편이지만, 스무 살 무렵이 되면 비슷해진다는 사실을 알 수 있습니다. 동서고금을 막론하고 나이대가 올라갈수록 남성보다는 여성의 수가 많아지는 걸 확인할 수 있죠.

이런 점만 봐도 남자아이를 키우는 게 더 힘들다는 사실을 알 수 있습니다. 위생과 영양 상태가 좋지 않았던 옛날에는 남자아이의 사망률이 압도적으로 높았습니다. 남자아이가 태어나면 그야말로 금이야 옥이야 소중하게 기르면서 할 수 있는 걸 다해줬죠. 그래도 남자아이는 성인이 될 때까지 살아남기 힘들었습니다.

일본 에도시대에는 성(城)안에 쇼군의 부인과 첩, 자식, 시녀만이 모여 사는 '오오쿠[大奥]'라는 구역이 있었습니다. 사람들은 국가를 통치하던 쇼군이 유흥을 즐기려고 오오쿠를 만들었다고 생각하지만, 실은 후계자를 안전하게 키우려는 목적이 더 강했습니다. 남자아이가 어른이 될 때까지 살아남을 가능성이 낮기 때문에 만들어진 구역이었던 것이죠.

이처럼 어릴 때부터 남성은 허약하고 여성은 건강합니다. '아니, 남자는 태어날 때부터 여자보다 체격도 크고 기운이 센데 왜 더 약한 거지?' 하며 고개를 갸우뚱하는 사람도 있을 것 같습니다. 그러나 겉으로 보이는 튼튼함과 신체의 강인함은 아무런 관계가 없습니다.

남성의 몸은 건장해 보여도 저항력이 약합니다. 반대로 여성의 몸은 가냘프고 부드러워서 약해 보이지만 겉모습과 달리 강인하고 탄탄하죠.

지금부터 구체적인 예를 들며 설명하겠습니다.

몸의 피가 절반이나
빠져나갔는데도

먼저 출혈에 대해 살펴보죠. 이 점에서 여성은 남성보다 훨씬 강합니다.

일반적으로 사람 몸의 총 혈액량은 체중의 12분의 1이라고 합니다. 몸무게가 60kg인 사람의 혈액은 5kg, 80kg인 사람은 약 6.5kg인 것이죠. 혈액과 물의 비중이 똑같지는 않지만, 약 5,000cc의 혈액 중 3분의 1이 몸 밖으로 빠져나가면 사망에 이른다고 합니다. 하지만 제가 의사 시절에 경험한 바에 따르면 꼭 그렇지만은 않더군요.

저는 예전에 유베쓰라는 탄광지역으로 출장을 나간 적이 있습니다. 어느 날, 30대 중반의 여성이 과다 출혈로 정신을 잃고 병원에 실려 왔습니다. 여성은 얼굴이 창백하고 의식이 없었습니다. 혈압은 너무 낮아서 측정조차 불가능했죠.

자궁외임신으로 몸 안에서 파열이 일어나 다량의 출혈이 발생한 듯했습니다. 그런데 하필이면 산부인과의사가 학회에 참석해서 부재중이었습니다. 가장 가까운 병원도 한 시간 이상 걸리는 거리에 있어서 이송하는 도중에 환자가 사망할 것은 불 보듯 뻔했습니다.

어떻게 해야 할지 몰라 망설이고 있을 때 수간호사가 말했습니다.

여성이 남성보다 더 강하고 둔감하다

"선생님, 바로 배를 열어서 지혈하시죠."

저는 정형외과 전공이라서 산부인과에 대한 지식이 없었습니다. 그러나 외과의사는 저밖에 없었고, 그대로 내버려두면 죽기를 기다리는 것이나 마찬가지였습니다. 그래서 과감히 결단을 내리고 배를 절개하기로 했죠.

혈액과 수액을 공급하면서 하복부를 절개했더니 배 안에 고여 있던 피가 한꺼번에 쏟아져 나왔습니다. 그 피를 보는 것만으로도 다리가 후들후들 떨려왔습니다.

"얼른 트레이로 퍼내세요!"

수간호사의 말에 수술용 트레이로 정신없이 피를 퍼 냈습니다. 그런데도 피는 홍수처럼 끊임없이 쏟아져 출혈 부위를 정확히 확인하기 어려웠습니다. 그러던 와중에 노랗고 불룩한 장기가 언뜻 보여서 "자궁을 찾았어요!" 하고 소리쳤습니다. 하지만 수간호사가 확인해본 결과 그건 방광이었습니다. 그만큼 저는 산부인과에 대한 지식이 거의 없었습니다.

연거푸 피를 퍼낸 끝에 간신히 자궁을 찾아서 파열 부위를 전력을 다해 꿰맸습니다. 사실 출혈이 일어난 태반을 제거하면 곧바로 해결되었을 일인데, 미처 거기까지 생각할 여유가 없었죠. 그야말로 자궁을 칭칭 동여매다시피 해서 간신히 출혈만은 잡을 수 있었습니다.

출혈은 멈췄지만 환자는 죽은 사람처럼 볼과 입술이 창백했고, 혈압도 측정되지 않았습니다. '아무래도 살아나기 힘들겠구나' 하는 생각이 머릿속을 스쳤습니다. 기적이 일어나기만을 바랄 뿐이었죠.

피에 젖은 수술복을 벗고 수술실 밖으로 나오자 입구에서 초조하게 기다리고 있던 남편과 아이가 달려와서 "어떻게 됐나요?" 하고 물었습니다. 저는 고개를 좌우로 흔들며 대답했습니다.

"최선을 다했습니다만 가망이 없을 듯합니다……."

그 순간 아이는 울음을 터트렸고, 남편은 고개를 깊숙이 떨구었습니다.

저는 두 사람을 뒤로하고 의국으로 돌아가 피곤한 몸을 소파에 누였습니다. 조금 전에 보았던 엄청난 피바다가 저절로 떠오르더군요.

정말 무시무시한 출혈이었습니다. 의학 서적에는 "전체 혈액량의 3분의 1이 몸 밖으로 빠져나가면 사망한다."라고 적혀 있었습니다. 그런데 그 환자는 3분의 1은

여성이 남성보다 더 강하고 둔감하다

커녕 2분의 1 가까이 피가 쏟아졌습니다. 도저히 살아날 수 없는 상태였죠. 그런 생각을 하며 눈을 감았는데 갑자기 전화벨이 울렸습니다.

'결국 숨을 거뒀나보군.'

전화를 건 사람은 수술실을 지키고 있던 간호사였습니다. 간호사는 다급한 목소리로 "빨리 오셔야겠어요." 하고 말했습니다. 저는 담담한 목소리로 물었습니다.

"사망했나요?"

"아니요. 입술에 혈기가 조금 돌아왔어요."

저는 '이게 대체 어떻게 된 일이지?' 하고 생각하며 수술실로 뛰어갔습니다.

분명 조금 전까지만 해도 새파랗던 환자의 입술은 정말 희미하게나마 붉은빛이 돌고 있었습니다. 낮은 신음 소리도 흘리고 있었죠. 가슴에 청진기를 대보니 심장이 확실히 뛰고 있었습니다. 혈압도 낮긴 했지만 측정할 수 있는 수준까지 높아졌고요.

도대체 무슨 일인가 싶었습니다. 여우에 홀린 듯한 기분마저 들었지만 어쨌든 되살아났으니 다행스러운 일이었죠. 혈액과 수액을 공급하면서 상태를 지켜보는 동안 얼굴은 점점 더 붉어졌습니다. 나중에는 "아파요……." 하며 통증까지 호소했습니다.

그 정도면 안심해도 괜찮은 수준이었습니다. 저는 혈액과 수액을 계속 공급하도록 지시하고 수술실을 나왔습니다. 저를 본 그녀의 남편이 다시 달려와서 물었습니다.

"죽었나요?"

"아니요……."

'유감스럽게도'를 덧붙일 상황은 아니어서 "괜찮아지셨습니다." 하고 작은 목소리로 중얼거렸습니다.

그 순간 남편은 어리둥절한 표정으로 저를 쳐다보았습니다. 그래서 다시 한 번 "살아나셨다고요." 하고 말했죠. 그러자 남편은 "네……?" 하며 오묘한 표정을 지었습니다.

"아까 선생님께서 가망이 없다고 하셔서 친척들한테 다 연락했는데……."

그렇게 말한들 살아난 것은 사실입니다. "기뻐하실 일 아닌가요?"라고 되묻고 싶었지만, 차마 입이 떨어지지 않더군요. 남편은 분명 속으로 '뭐 이런 돌팔이 의사가 다 있어?' 하고 생각했을 테니까요.

여성이 남성보다 더 강하고 둔감하다

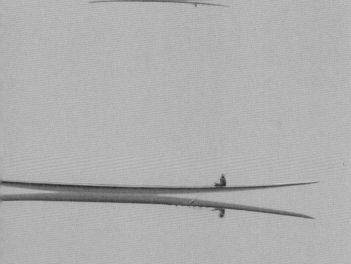

둔감력은 아마 창조주가
이 특별한 여성들에게 내려준
신비로운 능력일 것입니다.

여자는 살고
남자는 죽는다

어쨌든 저는 그 환자가 살아난 게 기적처럼 신기하게 만 느껴졌습니다.

이틀 후 산부인과 선생님이 학회에서 돌아왔습니다. 저는 응급수술의 상황과 그 후의 상태에 대해 보고하면서 이렇게 말했습니다.

"출혈이 엄청나서 절대로 가망이 없다고 생각했어요. 그런데……."

"그 정도 출혈이면 그렇게 생각할 만도 하지."

"출혈량이 전체 혈액의 2분의 1은 됐는데 살아났다 니까요."

눈을 동그랗게 뜬 저와 달리 산부인과 선생님은 별일 아니라는 듯 답했습니다.

"여성은 원래 출혈에 강해. 분명 책에는 3분의 1 정도 출혈하면 사망한다고 나오지. 그런데 실제로 그 정도 출혈에 죽는 건 남자뿐이야."

순간 저는 어이가 없어서 입을 다물지 못했습니다.

사실 의학 실습 시간에 많은 양의 피를 보고 빈혈을 일으키거나 쓰러지는 사람은 대부분 남성입니다. 여성은 조금 많은 피를 봤다고 해서 쓰러지지는 않습니다.

최근 아내가 출산할 때 남편이 분만실에 함께 들어가는 경우가 많습니다. 이때 병원에서는 남편에게 "혹시 분만실에서 기분이 나빠지면 빨리 말씀해주세요." 하고 미리 귀띔해줍니다. 아내의 출산을 지켜보다가 기절하는 남편이 많기 때문이죠. 이것만 봐도 남성이 피에 얼마나 약한지 알 수 있습니다.

하지만 여성은 그 정도 출혈로는 기절하지 않습니다. 아이를 낳는 사람이 정신을 잃으면 아이의 목숨도 위태로울 수 있으니까요.

아무리 그렇다지만 2분의 1 가까이 피를 흘리고도 살아나다니……. 게다가 책에 나오는 것처럼 사망하는 사람은 남자뿐이라니……. 남자는 얼마나 고지식하고 융통성 없고 나약한 존재인가요. 그에 비해 여성은 얼마나 유연하고 융통성 있으며 둔감한 존재인가요.

여성은 인류 존속의 가장 중요한 요소인 '출산'을 담당합니다. 남자들은 도저히 할 수 없는 특별한 일이지요. 둔감력은 아마 창조주가 이 특별한 여성들에게 내려준 신비로운 능력일 것입니다.

그런데 더욱 놀라운 일이 있었습니다. 그로부터 6년 후, 유베쓰에서 다시 그 여성과 만났습니다. 그 여성은 나에게 "선생님은 제 생명의 은인이세요." 하며 위스키 한 병을 내밀었습니다. 그리고 두 살쯤 된 사내아이를 보여주었죠.

"그때 선생님이 구해주신 후에 태어난 아이예요. 그래서 선생님과 같은 이름을 지어주었답니다."

그 준이치도 지금은 마흔 살이 훌쩍 넘었겠군요. 칭칭 얽어매듯 꿰맨 자궁이 재생해서 다시 임신하고 새 생명까지 탄생하다니, 참으로 놀랍고 신비로웠습니다. 자궁은 정말 강한 장기이며, 나아가 여성의 몸은 강인하고 탄탄하다는 사실을 다시 한 번 깨달았죠.

세상의
모든 엄마는
여자다

앞 장에서는 여성의 강인함 중에서도 '출혈'에 대해 다루었습니다. 아마 '여성이 이렇게 강한 존재인가?' 하고 깜짝 놀란 분이 많을 것 같은데요. 여성이 강인하다는 증거는 이뿐만이 아닙니다. 힘든 일이 닥쳤을 때 더 오래 꿋꿋하게 버티는 사람도, 남들은 포기한 일을 끝까지 해내는 사람도 바로 여성입니다. 역사가 이를 증명하고 있지요.

그럼 이번 장에서는 여성의 강인함 가운데 하나인 '추위'와 '아픔'을 이겨내는 힘에 대해 살펴보겠습니다.

여성의 몸을 둘러싼
부드러운 갑옷

얼핏 보기에 여성은 남성보다 골격이 작고 가늘어서 추위를 많이 탈 듯합니다. 실제로 여성 중에는 손발이 찬 수족냉증에 시달리는 사람이 많습니다. 그래서 겨울이 되면 온몸을 두꺼운 옷으로 꽁꽁 싸매고 다니는 여성이 많죠.

그러나 결과적으로 말하면, 여성의 몸은 추위에 아주 강합니다. 겉으로는 보이지 않는 지방층이 신체를 두껍게 둘러싸고 있기 때문입니다. 이 지방층은 여성호르몬과 관계가 깊은데, 여성의 몸이 둥그렇고 부드럽게 보이는 이유도 곳곳에 지방층이 쌓여 있기 때문입니다. 반면 남성의 몸은 골격이 크고 다부져 보이지만 체내 지방층은 의외로 적습니다.

여성은 아주 마른 사람도 몸의 내부에 꽤 많은 지방층이 숨어 있습니다. 실제로 맹장염 환자를 수술할 때 여성은 배를 가르고 수술용 고정 장치로 절개 부위를 고정하기가 매우 어렵습니다. 그만큼 피하지방이 두껍기 때문입니다.

의사 입장에서 수술하기 가장 편한 사람은 마른 남성입니다. 겉모습 그대로 지방층이 얇아서 절개하는 데 드는 시간이 짧고 곧바로 수술 부위에 도달할 수 있으니까요. 상대적으로 가장 수술하기 힘든 사람은 살집이 있는 여성입니다. 배에 있는 지방을 가르는 데에 상당한 시간과 노력이 필요하죠. 이렇듯 피하지방의 많고 적음에 따라 수술의 난이도가 크게 다릅니다.

피하지방 없는
남자의 뒤늦은 후회

여성의 피하지방이 많고 적음은 여성을 수술해본 외과의사가 아닌 이상 잘 모릅니다. 저도 의사가 되기 전에는 그런 사실을 모르고 여성은 추위에 약하다고만 생각했죠.

제가 아직 의과대학에서 교양과정을 배우던 무렵의 일입니다. 친구 일고여덟 명과 함께 홋카이도의 니세코라는 산으로 스키를 타러 갔는데, 중간에 눈보라가 심해져서 다 함께 산을 내려올 수밖에 없었습니다. 그런데 중간쯤 내려왔을 때 동행한 여성 친구 하나가 발을 헛디뎌 아래로 구르고 말았죠.

뒤따라가던 저는 그 친구를 부축하며 산을 계속 내려갔습니다. 하지만 얼마 지나지 않아 위험할 정도로 눈보라가 심해졌고, 우리는 가까이에 있는 절벽 밑에 텐트를 치고 야영하기로 했습니다.

조금만 쉬면 괜찮아질 줄 알았는데, 눈보라는 좀처럼 가라앉을 기색이 없었습니다. 그래서 눈 속을 파서 만든 눈 동굴에 둘이 함께 잠시 머물기로 했죠.

눈 동굴은 나름 괜찮은 피난처였습니다. 그러나 마음이 불안했던지 그 친구는 계속 춥다는 말을 반복하면서 바들바들 떨었습니다. 저는 "조금만 있으면 내려갈 수 있을 거야. 걱정하지 마." 하고 안심시키면서 멋지게 제 점퍼를 벗어서 어깨에 둘러주었습니다. 그리고 체온이 떨어지지 않게 함께 제자리뛰기를 했죠.

솔직히 저는 그 친구에게 호감을 가지고 있어서 눈 동굴에 단둘이 있는 게 싫지만은 않았습니다. 하지만 점퍼

없이 추위를 견디기란 여간 고통스러운 일이 아니었죠.

그 상태로 두 시간쯤 지났을까요? 눈보라가 조금씩 잦아들기 시작했습니다. 저는 그 친구를 도와서 30분쯤 걸려 산 밑으로 내려왔고, 우리는 무사히 집으로 돌아갈 수 있었습니다.

문제는 다음 날 발생했습니다. 저는 점퍼 없이 추위를 견딘 탓에 감기에 걸려 앓아눕고 말았습니다. 그런데 제 점퍼를 입었던 그 친구는 아무렇지 않다는 듯 학교에 나갔던 모양이더군요. 물론 감기에도 걸리지 않았고요.

그때 제가 만일 여성의 피하지방이 상대적으로 두껍다는 사실을 알았더라면 어땠을까요? 그 친구에 대한 호감은 뒷전으로 미뤄두고 점퍼를 입고 있지 않았을까요? 후회하기에는 이미 때늦은 일이었습니다.

누가 뭐래도
엄마가 가장 위대하다

남성은 고통에도 압도적으로 민감하고 약합니다.

171

많은 사람이 여성이 남성보다 통증에 약할 거라는 편견을 가지고 있죠. 그러나 실제로는 그렇지 않습니다. 요컨대 남성은 정신력으로 견뎌내려 할지는 몰라도 고통 자체에는 아주 약합니다. 그에 반해 여자는 정말 큰 통증에는 선천적으로 강하죠.

특히 여성에게는 암시나 유도가 효과적입니다. "아무 문제도 없을 테니 안심하세요."라고 말하며 편안한 분위기를 만들어주면 상당히 심한 고통도 잘 참아내죠.

일반적으로 담석이나 신장결석, 통풍, 치질의 고통을 가장 괴로운 3대 통증이라고 합니다. 그리고 이런 고통에 여성이 압도적으로 강하다는 사실은 예전부터 널리 알려져 있습니다. 담석이나 신장결석의 통증은 체내의 좁은 통로를 그보다 큰 돌이 통과하면서 발생합니다. 이 통증은 그 누구라도 견딜 수 없을 만큼 극심하죠.

그러나 출산의 고통은 그보다 훨씬 심한 데다가 시간적으로도 비교할 수 없을 만큼 더 깁니다. 여성 대부분이 이 무지막지한 고통을 이겨내는 것이죠. 여성이나 남성이나 아프고 고통스럽기는 매한가지입니다. 그래도 여성이 죽을힘을 다해 고통과 싸우며 아이를 출산한 덕분에 인류는 멸망하지 않고 지금까지 명맥을 이어왔죠.

만일 출산의 고통을 남성이 대신 짊어지게 한다면 대부분 뒷걸음질 치며 달아날 것입니다. 아니, 남성은 애초에 임신 자체도 견디지 못할 겁니다.

태아는 조금씩 커지면서 2kg에서 3kg 정도까지 성장합니다. 배 속에 태아를 가진 채 열 달 가까이 생활한다는 게 얼마나 힘겨울지 상상만 해도 숨이 막힐 지경이죠. 그런데 여성은 엄마가 되기 위해 그 험난한 과정에 과감히 도전합니다. 그 과정을 기쁘게 받아들이고, 건강한 아이를 낳기 위해 희생을 마다하지 않습니다.

만일 남성에게 그런 희생을 강요한다면 어떻게 될까요? 설령 남성이 열 달을 버텼다고 해도 그 후에 이어지는 가장 큰 고통을 견디지 못하고 지금 당장 제왕절개수술을 해달라고 애원할 것입니다.

이런 상태라면 인류의 오랜 번성은 불가능한 일이 되었겠죠.

인류는 여성의 강인함을 바탕으로
탄생하고 이어졌습니다.
그리고 뛰어난 둔감력을 가진 여성들이 있는 한
인류는 쉽게 멸망하지 않을 것입니다.

모든 인류는
여성에게 빚을 지고 있다

지금까지 살펴본 것처럼 여성은 출혈에도, 추위에도, 고통에도 강합니다. 이 세 가지는 창조주가 여성에게만 선사한 능력입니다.

옛날에는 임신과 출산이 지금처럼 안전하지 않았습니다. 근대 의학이 발전하기 전까지는 임신이나 출산으로 목숨을 잃는 여성의 수가 상당했습니다. 출산은 아이를 낳는 어머니에게도, 태어나는 새 생명에게도 목숨을 건사투 그 자체였죠.

그런 고난을 극복하고 아이를 낳아 인류 문화를 지속하려면 어떻게 해야 할까? 고민 끝에 창조주가 생각해낸 해결책은 출산이라는 힘겨운 일을 맡은 여성을 강하고 다부지게 만드는 것이었을 겁니다.

냉정하게 말해 남성은 출산에서 불필요한 존재입니다. 물론 남성 없이는 아이가 생길 수 없습니다. 하지만 남성의 역할은 관계를 맺고 아이가 생긴 걸 확인하는 시점에서 끝납니다. 그 후 열 달에 이르는 임신과 출산은 오롯이 여성의 몸에 맡겨지죠. 아무리 남자가 도와준다 해도 고통을 나누는 데에는 한계가 있습니다. 이 부정할 수 없는 사실을 받아들이고 나면 여성의 몸을 강하고 둔감하게 만든 것이 창조주의 뛰어난 지혜임을 깨닫게 됩니다.

여성 몸의 두꺼운 지방층에도 창조주의 지혜가 깃들어 있습니다. 열 달이나 되는 임신기간 동안 감기에 걸리거나 강한 충격을 받지 않도록, 나아가 약간의 굶주림에도 쇠약해지지 않도록 체내에 충분한 지방층을 축적해둔 것입니다. 기나긴 진통과 출산의 고통을 견딜 수 있도록 고통에 강한 몸으로 만든 것도, 출산 과정에서 문제가 발생해 과다 출혈이 일어나도 쉽게 죽음에 이르지 않도록 만든 것도 모두 창조주의 배려입니다.

출산은 여성뿐만 아니라 인류에게 매우 중요한 일입니다. 인류는 여성의 강인함을 바탕으로 탄생하고 이어졌습니다. 그리고 뛰어난 둔감력을 가진 여성들이 있는 한 인류는 쉽게 멸망하지 않을 것입니다.

열둘

타인은 끝까지
타인일 뿐이다

———————————— 친구나 직장 동료들이 험담을
하거나 괴롭히는 일은 우리 주변에서 생각보다 많이 일
어납니다. 이런 일이 있을 때마다 괴로움과 불안함에, 또
울화가 치밀어서 몸과 마음이 상하는 경우도 적지 않죠.
심지어 그들의 괴롭힘을 인생 최대의 위기라고 생각하
는 사람도 있습니다.

　이럴 때일수록 더욱 둔감력이 필요합니다. 둔감력만
있다면 아무리 힘든 일이 생겨도 좋은 쪽으로 해석해서
긍정적으로 살아갈 수 있으니까요.

일과 승진에 민감한
질투의 세계

우선 '질투'라는 감정부터 살펴보겠습니다. 질투를 받는 사람은 누구든 의기소침해지고 암담함을 느낍니다. 시기와 질투만큼 분하고 억울한 일도 없죠.

회사에서의 지위나 일에 얽힌 문제에서 질투라는 감정은 자주 발생합니다. 예컨대 A와 B는 원래 사이가 좋은 입사 동기였습니다. 그런데 B가 A보다 승진이 한발 뒤처지면서 두 사람 사이에 균열이 발생합니다. B가 점점 A에게 질투심을 느끼기 시작하는 거죠. 결국 B는 A에 대해 나쁜 소문을 퍼트리고 다닙니다. 질투에서 비롯된 중상모략이죠.

그래도 아직 직급이 낮을 때의 질투나 험담은 동료들끼리 수군거리는 선에서 그칩니다. 그러나 회사 내 간부끼리 다툼이 벌어지면 더 계획적이고 용의주도하게 일이 이루어집니다.

예를 들어 차기 사장을 노리고 간부 둘이 경쟁하는 경우를 생각해보죠. 두 사람은 상대를 비방하는 소문이나 부정적인 정보를 의도적으로 퍼트리고, 본인은 아무것도 모른다는 듯 시치미를 뚝 뗍니다. 오히려 공개적인 자리에서는 상대를 칭찬하고 친절하게 대하죠. 이쯤이면 단순한 험담 수준을 넘어 악의적인 계략이라 할 만합니다.

설령 그렇게까지 비열하게 굴지는 않는다 해도 유능한 인재가 폄훼되는 일은 정말 흔히 일어납니다. 상대방의 인품과 능력이 뛰어날수록 질투나 험담을 쏟아내는 사람을 찾아내기 쉽죠. 좋은 부모에 재산이 많고, 얼굴까지 잘생겨서 인기 있는 사람이라면 주변의 악의적 비방이 도를 넘습니다. 이렇게 불쾌한 일을 당해 화나고 답답한 나날을 보내는 사람은 분명 동정할 만합니다.

문제는 여기서부터입니다. 악의적 비방에 시달리는 사람은 어떻게든 괴롭힘에 맞서서 자신을 잃지 않고 당당하게 살아가야 합니다. 이때 꼭 필요한 능력이 어지간한 일로는 쉽게 주저앉지 않는 둔감력입니다.

타인은 끝까지 타인일 뿐이다

그대가 날 질투하고
비난할지라도

자신이 험담의 대상이 되었다는 사실을 알고 나면 누가 왜 그런 짓을 했는지가 제일 먼저 궁금해집니다. 이미 벌어진 일인데 캐고 다녀서 뭐하냐며 무시하는 사람도 있겠지만, 대부분은 누가 자신을 욕했는지 궁금해하죠. 그리고 이럴 땐 조금만 신중하게 조사하면 범인을 의외로 쉽게 알아낼 수 있습니다.

문제는 그 사람이 누군지 알고 난 후의 대응입니다. 대부분은 화가 치밀어 올라 상대를 원망합니다. 복수를 하겠다며 상대보다 더 많은 험담을 퍼뜨리고 다니기도 합니다. 그러다 비방전이 격렬해져서 더 큰 상처를 입기도 하고요. 그러니 경솔하게 대처하기보다는 우선 상대방에게 아무런 반응도 보이지 않는 편이 좋습니다.

대개 질투나 험담을 하고 다니는 사람은 당하는 쪽보다 상황이 나쁜 경우가 많습니다. 예를 들어 회사에서 질투를 받는 사람은 업무 능력이 뛰어나고 승진이 빠릅니다. 질투하는 사람은 승진이 뒤처진 사람이죠. 시샘을 받는 쪽은 누가 봐도 행복한 사람이고, 시샘을 하는 쪽은 일이 잘 풀리지 않아 마음이 뒤틀린 사람입니다.

이렇게 생각하면 험담도 질투도 그다지 신경 쓸 필요가 없습니다. 상대방은 잘난 내가 부러워서 시기할 따름이니까요.

'내가 너무 잘나서 너를 화나게 했구나. 미안해. 네가 질투하는 마음도 이해가 돼. 힘들겠지만 적당히 좀 하자.'

이렇게 생각하고 넘길 수 있다면 최고입니다.

질투하고 험담하는 사람을 원망하기보다는 오히려 감사해야 합니다. 질투해줘서 고맙다고 절을 해도 좋습니다. 질투하는 사람은 당하는 사람보다 훨씬 괴롭고 슬플 테니까요.

'항상 질투해줘서 고마워. 네 덕에 나는 더 열심히 살 수 있어. 앞으로도 꾸준히 질투해줘.' 하고 생각하는 자세가 필요합니다.

모든 일은 생각하기 나름입니다. 어떤 일이든 유연하고 긍정적으로 생각하는 게 중요하죠. 그런 밝고 생산적인 생각의 원동력이 바로 둔감력입니다.

조금 기분 나쁜 말을 들어도 예민하게 굴기보다는 상대가 왜 그런 말을 하는지 느긋하고 차분하게 생각해보세요. 상대방의 기분을 헤아리며 내가 얼마나 괜찮은 사람인지 생각해보세요.

둔감하고 아량 있는 마음가짐은 세상을 살아가는 데 큰 힘이 됩니다.

주위의 시선이나 소문은
가볍게 무시해버릴 것

질투에 둔감해지는 마음과 마찬가지로 비아냥거림에 둔감해지는 마음을 갖는 것도 중요합니다. 상대가 빈정거리듯 말해도 태연히 받아넘기는 강인함이 필요하죠.

제 이웃 중에는 멋쟁이 할머니가 있습니다. 여든이 조금 넘은 연세에도 매우 건강해서 외출을 즐기곤 하시죠.

작년 봄에 약속이 있어 집을 나서다가 건넛집에서 나오시는 할머니와 우연히 마주쳤습니다. 할머니가 빙긋 웃으며 인사를 건네기에 저도 고개 숙여 인사했죠. 그런데 할머니가 갑자기 가슴을 활짝 펼치며 "이 옷 어때요?" 하고 물었습니다.

할머니는 핑크색 바탕에 강렬한 꽃무늬가 새겨진 원피스를 입고 어깨에 옅은 색 캐시미어숄을 두르고 있었습니다.

저는 뭐라고 답해야 할지 잠시 망설였습니다. 할머니는 얼굴도 하얗고, 목선도 곱고, 허리도 곧아서 확실히 나이보다 훨씬 젊어 보였습니다. 하지만 지나치게 화려한 원피스는 아무리 봐도 어울리지 않았죠. 저는 눈을 딱 감고 대답했습니다.

"정말 멋지고 잘 어울리세요."

그러자 할머니는 활짝 웃으며 "고마워요. 그렇게 말해주니 기쁘네요."라며 감사 인사를 하고는 길을 나섰습니다. 그 화려한 뒷모습을 지켜보고 있자니 봄 햇살이 스포트라이트처럼 할머니에게만 쏟아지는 듯한 느낌이 들었습니다.

그로부터 한 달쯤 뒤에 할머니와 다시 마주쳤습니다. 이번에는 지난번 옷에 뒤지지 않을 만큼 화려한 오렌지색 원피스에 큼지막한 목걸이를 늘어뜨린 차림새였죠.

둔감력이야말로
창조적이고 획기적인 일을 성공시키는
원동력입니다.

인사를 주고받자 이번에도 기다렸다는 듯 "이 옷 어때요?" 하고 물었습니다. 물론 저는 "아주 잘 어울리세요."라고 대답했죠. 그러자 할머니는 또 활짝 웃으며 "고마워요." 하고 인사를 했습니다. 저를 만나면 칭찬받을 게 분명하니 안심하고 묻는 듯한 기색이었습니다. 조금 얄미운 생각도 들었지만, 할머니의 표정이 사랑스러워서 엉겁결에 칭찬이 튀어나왔죠.

알고 보니 이웃 사람들 역시 마찬가지였습니다. 모두 할머니가 칭찬을 강요하듯 "이 옷 어때요?" 하고 물을 때마다 "잘 어울리세요."라며 칭찬했다고 합니다. 아니, 칭찬할 수밖에 없었다고 하더군요. 물론 할머니는 생글생글 웃으며 만족스러워했고요.

할머니에게는 비웃음도 통하지 않았습니다. "정말 멋지고 잘 어울려요."라는 말을 한 치의 의심도 없이 그대로 받아들였죠. 할머니 스스로도 멋지고 잘 어울린다고 믿어 의심치 않으니 다음 날에도 당당하게 화려한 옷차림을 한 것입니다.

그런데 신기하게도 할머니의 나이에 걸맞지 않은 대담하고 화려한 차림새가 차츰 어울려 보이기 시작했습니다. 옷은 입다 보면 익숙해진다고, 할머니는 어울리는 지를 따지기보다는 일단 입고 봤던 것입니다.

대부분은 화려한 옷을 보는 순간 마음이 위축되어 입어보기를 포기합니다. 그러나 할머니는 당당하게 그런 옷을 입고 집을 나섰습니다. 누가 봐도 어울리지 않았지만 "잘 어울려요."라는 이웃들의 겉치레나 비웃음 섞인 대답을 있는 그대로 받아들이면서 화려한 차림새를 고수했죠.

할머니에게는 비웃음이 통하지 않았습니다. 아니, 어쩌면 통했는지도 모릅니다. 다만 할머니는 사람들의 칭찬을 곧이곧대로 받아들였습니다. 그러고는 정말로 어울리게 되었죠.

할머니처럼 비웃음 따위는 신경 쓰지 않고 당당하게 소신껏 밀어붙이는 사람은 이길 수 없습니다. 모두 한 걸음씩 양보하다가 어느새 백 걸음을 양보하고 말죠.

그런 당당함의 원동력은 무엇일까요? 빈정거림 따위는 통하지 않는, 또는 빈정거림 따위는 무시해버리는 둔감한 마음의 힘, 바로 둔감력입니다.

'이 일은 내 생각대로 단호히 밀고 나가겠어!'

이렇게 결정했을 때 주위의 시선이나 사소한 소문쯤은 신경 쓰지 않고 당당하게 나아가는 자세. 누군가가 빈정대도 '나는 내 길을 가겠다'는 태도로 씩씩하게 나아가는 자세. 이런 둔감력이야말로 창조적이고 획기적인 일을 성공시키는 원동력이 됩니다.

사랑을 하려면
예민한 마음부터
바꿔라

──────────── 서로 사랑하는 두 사람 사이에 가장 필요한 마음이 둔감력이라고 말한다면 많은 사람이 깜짝 놀랄지도 모르겠군요. 아니, 둔감하면 연인 사이가 어긋난다고 생각하는 사람이 대부분일 듯합니다. 하지만 상대방의 말과 행동을 민감하게 받아들이는 자세는 연애 초기에나 필요합니다.

　오랫동안 둘 사이를 좋게 유지하려면 민감함뿐만 아니라 상대의 잘못도 너그럽게 받아주는 둔감함이 필수입니다.

사랑을 하려면 예민한 마음부터 바꿔라

가벼운 거짓말은
가볍게 넘긴다

연애 초기, 서로에 대해 잘 모르는 두 사람이 조금씩 가까워질 때 여성과 남성은 모두 상대에게 온 신경을 집중합니다. 종일 '그 사람은 지금 뭘 할까?', '그 사람은 무슨 생각을 하고 있을까?' 하는 생각이 머릿속에 가득하죠. 이 시기에는 상대방의 말 한마디, 행동 하나가 서로에게 큰 의미로 다가갑니다.

동물의 세계에서도 마찬가지입니다. 수컷은 마음에 드는 암컷을 발견하면 주위를 맴돌며 표정과 울음소리와 행동으로 주의를 끕니다. 어찌나 열과 성을 다하는지 보는 사람이 다 힘들 정도입니다.

이 시기에 둔감하게 굴면 연애에 성공할 수 없습니다. 일단 상대방의 마음을 얻으려면 촉각을 최대한 예민하게 세우고 반응해야 합니다. 문제는 그다음부터입니다. 연인 관계가 된 커플이 결혼에 골인할지, 잠시 연애만 즐기다 각자의 길을 가게 될지는 연애가 중반에 접어든 뒤에 결정되니까요.

이때부터는 민감한 마음과 함께 둔감한 마음도 필요합니다. 물론 민감한 감성은 필수입니다. 상대가 지금 무슨 생각을 하고 무엇을 바라는지 재빠르게 간파하고 대응하는 민감함은 너무도 당연해서 자꾸 말하면 잔소리로 느껴집니다. 연애를 하는 남녀 모두 상대의 그런 행동을 자신에 대한 사랑과 배려로 받아들이기 때문에 이 정도의 눈치가 없으면 관계는 유지하기 어렵습니다.

그러나 둘의 관계가 항상 순조롭게 흘러가지만은 않습니다. 연애가 길어지면 상대를 먼저 생각하고 배려하는 마음이 줄어들고, 사소한 일로 상처를 받거나 마음이 상하는 일도 일어나게 마련이죠.

평균적으로 사귄 지 1년쯤 지나면 둘 사이에 작은 엇갈림이 생기기 시작하는 것 같습니다. 이런 사소한 다툼이 당장 이별로 이어지지는 않겠지만 관계에 득이 될 일은 없죠. 예를 들어 여성이 주말에 함께 영화관에 가자고 했더니 남성은 중요한 볼일이 있다며 거절합니다. 그런데 알고 보니 남성은 친구들과 골프를 치러 갔습니다. 그 사실을 알고 나면 "나랑 친구랑 누가 더 소중해?" 하며 따지고 싶어질 만도 하죠. 반대로 여성 쪽에서 사정이 있다며 남성의 제안을 거절했을 때도 마찬가지입니다. 사랑하는 여자 친구가 자기보다 친구 만나는 걸 중요시한다고 생각하면 남성도 불만이 생길 수밖에 없죠.

이럴 때 예민하게 반응해서 정면으로 부딪치면 큰일이 벌어집니다. 그 일을 계기로 지금까지 쌓아온 불만이 한꺼번에 폭발해서 큰 싸움으로 번질 수도 있죠.

그런 상황에서는 우선 감정을 억누르고 너그러이 넘어가야 합니다. '나도 잘못한 적이 있으니 그냥 넘어가자.' 하며 상대의 잘못을 너그럽게 용서해야 하죠. 바로 둔감력을 발휘하는 것입니다.

좋아하는 상대를 위해
입맛까지 바꾸는 유연한 마음

여성이든 남성이든 모처럼 애인이 생겨 연애를 시작하면 사람이 조금씩 변합니다.

제가 아는 K는 마흔다섯 살 된 남성인데 바닷가 마을에서 자라서인지 완벽한 토종 입맛입니다. 주식은 당연히 밥이고 가끔 메밀국수나 우동을 먹는 정도죠. 빵으로 식사를 대신하는 일은 손에 꼽습니다. 반찬도 산뜻한 채소와 담백한 생선을 제일 좋아합니다. 물론 회와 생선구이를 즐겨 먹고, 늘 "도시엔 괜찮은 일식집이 없어."라며 불평하곤 하죠.

술은 꽤 센 편인데 어떤 술집에서든 맥주나 청주를 시키고, 와인이나 위스키, 소주는 거의 입에 대지 않습니다. 고기는 기껏해야 꼬치구이 가게에서 닭고기를 먹는 정도이며, 소고기나 돼지고기는 별로 좋아하지 않죠.

그래서 가끔 지인들에게 이끌려 이탈리아나 프랑스 음식점에 가면 '이런 음식을 도대체 무슨 맛으로 먹지?' 하는 듯한 표정으로 샐러드와 수프 정도만 깨작거립니다. 이렇게 그는 자신의 토종 입맛에 자부심을 가지고 늘 '우리 것이 최고'임을 고집하는 지독한 미식가였습니다.

그러던 K가 언젠가부터 양식을 즐기기 시작했습니다. 처음에는 '마지못해 먹는 거겠지.' 하고 생각했는데, 함께 이탈리아 음식을 먹고 있는 그의 모습에서 불만스러운 기색을 전혀 찾아볼 수 없었습니다. 그래도 '다른 사

사랑을 하려면 예민한 마음부터 바꿔라

변화할 수 있는 능력,
이것이야말로 둔감력입니다.
매사에 예민하고 정해놓은 틀에서
벗어나지 않는 사람은
변하지 못합니다.

람들이 불편해할까 봐 맞춰주나 보군.' 하며 먹는 모습을 유심히 지켜보았습니다. 그런데 스푼과 포크를 매우 자유자재로 활용하면서 음식을 먹더군요.

이게 무슨 일인가 싶어 "먹을 만해?" 하고 물었습니다. 그러자 그는 "네. 맛있어요." 하고 대답하면서 그릇을 깨끗이 비웠습니다. 함께 있던 다른 사람들도 어리둥절한 눈으로 쳐다보았죠.

그는 전에는 먹는 시늉만 하던 와인까지 마셨습니다. 와인에 대한 대화에도 자연스럽게 녹아들어 적극적으로 의견을 얘기했죠.

'대체 K에게 무슨 일이 생긴 거지?'

의아하게 여긴 저는 "음식 취향이 바뀐 것 같은데, 무슨 일 있어?" 하고 물었습니다. 그러자 K는 쑥스러워하며 입을 열었습니다.

"사실 연애를 시작했는데, 여자 친구가 양식을 좋아하거든요."

저는 그 말을 듣자마자 고개를 크게 끄덕였습니다. 토종 음식만 고집하던 K가 양식을 즐기게 된 데는 여자 친구의 영향이 숨어 있었던 것입니다. 여자 친구 때문에 반강제적으로 먹다 보니 정말로 양식이 맛있어진 거죠.

이렇듯 연애는 사람을 변하게 합니다. 만일 K가 그 여자 친구를 만나지 않았더라면 양식도, 와인도 계속 꺼렸을 겁니다. 그런데 이제는 고기와 와인을 즐기는 수준에 이르렀죠.

K의 변화는 혁명이라고밖에 표현할 길이 없습니다. 연애는 그야말로 혁명입니다.

여기에서 대단한 점은 K에게 혁명을 일으킬 능력이 있었다는 사실입니다. K가 어떤 변화도 거부하는 완고한 고집불통이었다면 그렇게까지 변할 수는 없었을 것입니다. 그런데 K는 40대 후반이라는 젊지 않은 나이에 보란 듯이 자신을 변화시켰죠.

변화할 수 있는 능력, 이것이야말로 둔감력입니다. 매사에 예민하고 자기가 정해놓은 틀에서 벗어나려 하지 않는 사람은 이렇게까지 변하지 못합니다. K에게는 아직 미각이라는 핸들의 방향을 꺾을 만한 융통성이 있었습니다. 이런 여유는 모두 둔감력 덕분입니다. 둔감력이 있기에 변할 수 있었고, 여자 친구와도 좋은 관계를 유지할 수 있었습니다.

직장 내
신경 끄기의 기술

──────────── 회사는 직장인이 매일 출근해
서 일하는 장소입니다. 그리고 둔감력은 회사에서도 반
드시 필요한 능력이죠.

'일을 하는 회사에서 대체 왜 둔감력이 중요하지?' 하
며 고개를 갸우뚱거리는 사람도 있을지 모르겠군요. 하
지만 회사는 매일 출근해서 오랜 시간을 보내는 공간이
기에 둔감력이 더욱 필요합니다.

어디에나
그런 사람은 있다

알고 지내는 남성 편집자 K의 이야기입니다. K는 저를 만날 때마다 같은 부서 동료인 A에 대해 구구절절 불평을 늘어놓곤 했습니다.

A는 어떤 일이든 참견해서 자기 얘기를 해야만 직성이 풀리는 성격의 중년 편집자라고 합니다. 저는 A와 함께 일해보지는 않았으나, 출판사에 갔다가 얼굴을 본 적은 몇 번 있었습니다. 그때 행동이 조금 과장된 사람이라는 인상을 받았던 기억이 있습니다.

원래 K는 그 편집자와 성격이 안 맞아서 가까이 지내지 않았던 모양입니다. 그런데 자리 배치가 바뀌면서 바로 옆자리에 앉게 되었다더군요.

가장 힘든 점은 A가 전화 통화를 할 때 내는 목소리였다고 합니다. 바로 옆자리에 있다 보니 귀를 기울이지 않아도 통화 소리가 크게 들렸는데, A 특유의 카랑카랑한 목소리가 신경에 거슬려 일하기 힘들었다고 합니다.

K는 A의 목소리를 묘사하면서 생각만 해도 짜증스럽

다는 듯 혀를 끌끌 찼습니다. 그 정도로 A의 목소리가 신경 쓰이면 일에도 집중하기 어렵겠구나 싶더군요. K는 A의 목소리를 안 들으려고 귀마개도 써봤는데, 별 효과를 보지 못했다고 합니다.

게다가 A에게서 향수 냄새가 너무 진하게 풍겨 머리가 아플 정도라고 했습니다. 온종일 옆에 있다 보면 냄새가 온몸에 배어서 집에 돌아가자마자 옷을 벗어 던지고 바로 샤워를 한다더군요. 이런 상태에서는 편안한 마음으로 일에 집중할 수 없습니다. 그뿐 아니라 온종일 신경이 곤두서서 신경쇠약에 걸릴지도 모르죠.

저는 "A한테 자리를 옮겨달라고 부탁해보는 게 어때?"하고 조언했습니다. 하지만 K는 차마 "당신의 말투와 향수 냄새를 도저히 못 참겠으니 다른 자리로 옮겨줘요."라는 말은 하기 어렵다더군요.

하기야 업무상의 이유도 아닌데 자리를 옮겨달라고 부탁하는 것은 너무 이기적인 행동인지도 모릅니다. 그러나 이대로 가다가는 K의 신경이 날카로워질 대로 날카로워져서 건강까지 해칠 듯하더군요.

K는 고민에 고민을 거듭하다 큰맘 먹고 상사에게 자

기 자리를 옮겨달라고 부탁했습니다. 이유를 들은 상사는 쓴웃음을 지었다고 하더군요. 아마 상사도 A의 목소리에 적잖이 난감했던 모양입니다. K는 다행히 상사의 허락을 받아 A와 세 칸 떨어진 곳으로 자리를 옮겼습니다. 그 자리에서도 여전히 A의 목소리는 들렸지만, 전보다 멀어졌고 향수 냄새도 나지 않아 훨씬 편안해졌다고 하더군요. 참고로 A 옆의 빈자리는 그 뒤로도 계속 비어 있었다고 합니다.

이 이야기를 들으면 대부분은 K를 동정할 것입니다. "어딜 가든 그런 사람은 꼭 있지." 하며 고개를 끄덕이는 사람도 많을 듯하군요.

그런데 문제는 그다음입니다. 옆자리에 앉은 사람이 싫다고 해서 K의 상사처럼 자리를 바꿔주는 사람은 많지 않습니다. 어쩌면 "지금은 좀 어려우니 더 참아봐." 라거나 "너무 자기 생각만 하는 거 아닌가?" 하며 야단을 칠지도 모르죠. K의 말을 전해 들은 A가 험한 소리를 할 수도 있고, 반대로 모욕을 당했다며 상사에게 처벌을 요구할 수도 있습니다.

이런 상황까지 일어난다면 큰일입니다. K처럼 예민한

사람은 금세 노이로제에 걸려 결국에는 신경정신과에 다니게 될지도 모릅니다. 한직으로 좌천당하거나 명예퇴직 대상자에 이름을 올릴지도 모르고요.

직장에서 불편한 점이 있더라도 느긋한 마음으로 즐겁게 일하려면 어떻게 해야 할까요? 이때 효과적인 능력이 둔감력입니다. 옆자리에 앉은 사람이 듣기 싫은 말투를 쓰거나 짙은 향수 냄새를 풍겨도 신경 쓰지 않는 둔감력이 있다면 어렵지 않게 극복할 수 있습니다.

이렇게 생각하면 둔감력이 뛰어난 사람은 회사에도 소중한 인재입니다. 그런 사람은 강한 정신력을 인정받아 회사의 중요한 자리에 오를 가능성도 크죠.

세상 모두를
고칠 수는 없으니까

많은 사람이 함께 모여 일하는 회사에는 A 같은 사람 말고도 동료들을 힘들게 하는 눈엣가시 같은 사람이 있게 마련입니다. 이번에는 제가 여러 직장인에게 들은 '동료의 눈에 거슬리는 행동'에 대해 이야기해보겠습니다. 아마 여러분도 무심코 고개를 끄덕이지 않을까 싶네요.

우선 여성 직장인들이 많이 지적한 부분입니다. 항상 땀 냄새가 진동하는 사람, 끊임없이 다리를 떠는 사람, 서류를 넘길 때 손가락 끝에 침을 과하게 묻히는 사람, 밥 먹을 때 쩝쩝 소리를 내는 사람 등이 여성 직장인들의 입에 많이 오르내렸습니다. 앞서 이야기한 A처럼 듣기 싫은 말투를 쓰거나 지나치게 강한 향수 냄새를 풍기는 사람도 싫다는 의견이 많았죠.

남성 직장인들의 경우에는 퇴근 후에 한잔하자는 제안을 거절하면 언짢아하는 상사, 똑같은 자기 자랑을 끝없이 반복하는 상사, 느닷없이 설교를 늘어놓는 상사, 거만하게 구는 상사 등 윗사람에 대한 불만이 가장 많았습니다.

반대로 상사 입장에서는 일 처리 속도가 느리고 업무 능력이 떨어지는 부하 직원, 조금만 안 좋은 소리를 해도 의기소침해지는 부하 직원, 주의를 주면 기분 나쁜 표정으로 바라보는 부하 직원 등을 거슬리는 사람으로 꼽았습니다.

하나하나가 다 공감이 돼서 집단생활이 얼마나 어렵고 복잡한지 새삼 깨닫게 됩니다. 특히 문제가 되는 행동은 땀 냄새 풍기기, 다리 떨기, 밥 먹을 때 쩝쩝거리기, 손끝에 침 바르기 등입니다. 자기 자랑이나 설교하는 습관은 본인이 조금만 신경 쓰면 어느 정도 고칠 수 있습니다. 물론 본인이 조심할 생각이 없다면 문제겠지만 개선 가능성이 없지는 않죠. 일 처리가 늦다거나 주의를 줬을 때 기분 나쁜 표정을 짓는 행동도 본인이 신경 쓰고 노력하면 충분히 고칠 수 있습니다.

하지만 땀 냄새를 풍기거나 다리를 떠는 행동은 본질적인 부분이라 고치기가 쉽지 않습니다. 특히 땀 냄새는 암내처럼 체질 문제인 경우가 많아서 무어라 말하기도 어렵습니다. 냄새 제거제를 쓰라고 조심스레 조언해서 다소 완화시킬 수는 있습니다. 그러나 예민한 사람의 코에는 냄새 제거제와 뒤섞인 체취가 신경에 더 거슬릴지도 모르죠. 지적을 받은 사람이 큰 충격을 받아 회사 생활에 회의감을 품을 수도 있고요.

다리 떠는 습관 역시 본인 스스로 알지 못하는 경우가 많습니다. 다리를 떨지 않으면 일에 집중하지 못하

불쾌한 말이나 행동도
무시하고 넘어갈 수 있는 둔감력,
집단 속에서 밝고 느긋하게 일하며
꿋꿋이 살아가게 하는 에너지입니다.

는 사람도 있고요. 다만 그 모습을 바라보는 사람이 견디기 어려울 뿐입니다.

그렇다면 어떻게 해야 이 불편한 상황으로부터 탈출할 수 있을까요? 그때그때 주의를 주는 정도로는 고치기 힘들 듯합니다. "다리 떨지 마시오."라고 쓴 종이를 그 사람 책상 위에 크게 붙여두거나 다리를 떨 때마다 찰싹찰싹 때리면 또 고쳐질지 모르지요.

음식을 먹을 때 소리를 내는 습관도 본인은 인식하지 못하므로 고치기 어렵습니다. "또 쩝쩝 소리를 내고 있어요."라고 주의를 줘도 소용없습니다. 평생 그렇게 먹어온 사람에게 소리를 내지 말라는 말은 먹지 말라는 말이나 다름없습니다. 누구도 다른 사람의 인생에 그렇게까지 개입할 권리는 없죠. 그러니 결국 불편하더라도 참고 견디는 수밖에 없습니다.

서류를 넘길 때 손가락 끝에 침을 바르는 버릇도 마찬가지입니다. 나이가 들면 손과 손가락 끝의 피지샘이 건조해지면서 기름기가 없어집니다. 그런 이유로 어쩔 수 없이 손가락 끝에 침을 묻히는 사람에게 "침 바르지 말라."라고 불평하면 조금 지나치지 않을까요?

업무 속도가 느린 사람에게 짜증이 나는 것도 그렇습니다. 그 사람이 게으름을 피우는 게 원인이라면 모를까, 원래 적성에 맞지 않거나 능력이 부족하다면 아무리 지적을 해도 고쳐지지 않습니다. 그건 그 사람보다 해당 직원을 채용한 회사 간부나 인사 담당자의 책임이죠. 그 사람을 비난하는 것은 조금 가혹한 일입니다.

이처럼 불쾌하게 느껴지는 행동에도 당사자가 마음만 먹으면 바로 고칠 수 있는 것과 아무리 노력해도 쉽게 고쳐지지 않는 것이 있습니다. 그러나 어느 쪽이든 당사자 이외의 사람에게 불쾌감을 주는 데는 변함이 없죠.

이렇게 하나하나 살펴보면 불쾌해서 견딜 수 없는 행동의 범위는 사람마다 천차만별입니다. 그리고 이런 불쾌한 감정들이 북적이며 부딪치는 곳이 직장이죠. 보통 많은 사람이 불쾌하게 여기는 행동은 서서히 고쳐지게 마련이지만, 좋은 게 좋은 거라는 식으로 대충 넘어가는 경우도 많습니다. 또 모두 불만스럽게 여기는데 개선되지 않는 경우도 적지 않고요.

그럼 이런 각양각색의 사람이 모인 집단에서 편안하고 밝게 일하려면 어떤 능력이 필요할까요? 물론 둔감력입니다.

다른 사람의 습관이나 행동이 못 견디게 거슬리는 사람도 있고, 아무래도 상관없다고 여기는 사람도 있습니다. 어떻게 받아들이느냐는 사람마다 각기 다를 수 있습니다.

하지만 분명한 점은 불쾌한 말이나 행동도 무시하고 넘길 수 있는 둔감한 사람만이 집단 속에서 밝고 느긋하게 일하며 꿋꿋이 살아남을 수 있다는 사실입니다.

주변 환경은
언제나 변한다

——————————— 모든 인체는 적응 능력을 타고
납니다. 그래서 우리 몸은 늘 건강하게 유지되죠. 그런
데 이때도 둔감력은 큰 힘을 발휘합니다.

'적응 능력이 둔감력이랑 도대체 무슨 상관이지?'의
아하게 생각하는 사람도 있겠지만, 건강한 몸에는 둔감
력이 넘쳐흐릅니다. 주변 환경의 변화에도 늘 자기 자신
을 유지하는 몸과 마음의 힘, 이것이 바로 이 시대가 원
하는 둔감력입니다.

똑같이 다쳐도
상처가 다르다

A, B, C, 이렇게 세 아이가 달리기를 하다 넘어져서 똑같이 무릎에 상처가 났다고 가정해보죠. 무릎이 까진 정도의 상처는 그냥 내버려둬도 충분히 아물지만, 그 속도는 사람마다 다릅니다.

A는 상처가 좀처럼 아물지 않는 데다가 곪고 아파서 제대로 걷지 못합니다. 병원을 찾아가 약을 바르고 항생제 주사를 맞은 다음에도 일주일이나 더 걸린 다음에야 겨우 나았죠. B는 통증이 금세 가라앉아서 집에 있던 연고를 발랐더니 닷새 만에 그럭저럭 아물었습니다. C는 넘어진 당시에는 조금 쓰라렸지만 그냥 내버려뒀더니 상처에 딱지가 생기고, 사나흘 만에 씻은 듯이 나았습니다.

보통 상처가 아무는 과정은 다음과 같습니다. 우선 상처 표면에 얇은 막이 생기고, 그 밑에서 서서히 새살이 돋아납니다. 그와 동시에 피부가 양쪽에서 모여들면서 상처를 막죠.

아무는 동안 상처 부위를 손톱으로 긁으면 세균이 침

입해서 낫기까지 시간이 오래 걸립니다. 오히려 상처가 악화되어 병원 신세를 지게 될 수도 있죠. 하지만 가벼운 상처 정도는 소독약으로 해당 부위를 가볍게 닦아낸 뒤 연고만 발라도 자연스럽게 낫습니다. 우리 몸에 흔히 말하는 '자연 치유력'이 있기 때문입니다.

요즘은 아이 몸에 조금만 상처가 나도 허겁지겁 병원을 찾는 부모가 많은 듯합니다. 그런데 사람의 몸은 항상 치유되는 방향으로, 조금 과장되게 말하자면 살 수 있는 방향으로 움직이게 만들어져 있습니다. 차이가 있다면 치유력이 강한 사람과 약한 사람이 있을 뿐이죠.

이처럼 자연 치유력은 매우 중요합니다. 건강하고 피부 재생력이 뛰어난 사람은 상처가 잘 아물고 낫는 데 걸리는 시간도 짧습니다. 반대로 피부 재생력이 약한 사람은 상처가 좀 더디게 낫는 경향이 있죠.

자연 치유력은 몸의 저항력에도 영향을 끼칩니다. 상처에 세균이 침입할 경우, A처럼 저항력이 약한 사람은 금방 상처 부위가 오염되어 곪기 시작합니다. 그러나 B처럼 적당한 저항력을 갖춘 사람은 상처에 적이 침입해도 백혈구 같은 방위군이 강해서 조금 시간은 걸리지만 결국 승리를 거두죠. 가장 건강한 사람은 C 같은 사람입니다. C는 원래 피부가 강한 데다가 방위군까지 견고해서 쉽게 세균의 침입을 허락지 않습니다.

세균이라는 침입군과 잘 싸워 승리하려면 자연 치유력이 강해야 합니다. 이렇게 보면 자연 치유력은 피부의 둔감력 그 자체이지요. 앞서 예를 든 아이들 가운데에서는 C가 가장 둔감력이 강합니다. 그 덕에 상처도 빨리 아물었고요.

몸의 저항력이 클수록
마음도 단단하다

다음은 대학생 셋이 함께 여행 가서 하룻밤을 나란히 누워 잤을 때의 사례입니다. 이 세 사람도 A, B, C라고 부르기로 하죠. 쌀쌀한 밤기운을 느낀 세 사람은 모두 이불을 턱 끝까지 끌어올리고 잠자리에 들었습니다.

다음 날 아침 A는 아무런 변화도 없습니다. 그런데 B는 코를 훌쩍이고, C는 가벼운 열과 함께 목도 따끔따

끔한 게 감기에 걸린 듯합니다. 같은 방에서 똑같은 시간에 잠들고 일어났는데 왜 셋은 이렇게 다른 증상을 보였을까요?

추측건대 B는 목과 코의 점막이 온도 변화에 민감한 듯합니다. 방 공기가 조금 싸늘해지자 몸이 이상을 느껴서 금세 가벼운 염증이 생긴 것이죠. 그래도 다행히 정도가 심하지 않아서 다음 날 살짝 콧물이 나고 목소리가 갈라진 정도로 그쳤습니다. 안타깝게도 C의 목과 코의 점막은 한밤중에 생긴 기온 변화에 원활히 대처하지 못했습니다. 그래서 목과 코의 점막에 염증이 생기고 열까지 난 것이죠. 한편 A는 다른 친구들과 같은 공기를 마셨는데도 목과 코의 점막에 아무런 변화가 없고 몸 상태도 지극히 정상이었습니다.

세 사람의 반응에 차이가 나타난 이유를 한마디로 말하자면 '몸의 저항력 차이' 때문입니다. 그리고 그 배경에는 둔감력이 자리 잡고 있습니다. C의 점막은 예민해서 공기가 조금만 달라져도 민감하게 반응합니다. 그에 반해 B의 점막은 조금 둔감하고, A의 점막은 상당히 둔감하죠. 이렇게 보면 민감함과 둔감함 중 어느 쪽이 더 좋은지 뚜렷이 알 수 있습니다. 두말할 필요 없이 둔감함이 건강에 훨씬 좋은 능력입니다.

그렇다면 어떻게 해야 몸의 둔감력을 키울 수 있을까요? 사람마다 기초체력이나 코와 목 점막의 특성, 체질 등이 모두 다르므로 개선책을 찾기란 그리 간단한 일이 아닙니다. 다만 같은 방에서 똑같은 공기를 마셔도 사람마다 큰 차이가 나타나는 것을 보면 세상에는 사람도, 체질도, 그리고 둔감력도 다양하다는 사실을 확인할 수 있습니다.

갑작스러운 변화에도 끄떡없는 항상성

우리는 온도 변화에 맞춰 자연스럽게 여러 가지 대응을 합니다. 예컨대 기온이 떨어져 추워지면 따뜻한 코트를 입고, 자면서도 무심결에 이불을 끌어당기고 몸을 둥글게 말아서 손발이 차가워지지 않게 하죠. 동시에 우리 몸도 피부 표면의 혈관이 수축하여 좁아지면서 체내의 열이 바깥으로 빠져나가지 않게 합니다.

반대로 더울 때는 피부의 혈관이 확장해서 열을 발산하도록 작용합니다. 동시에 코와 목 점막의 혈관도 공기 변화에 맞춰 넓어지거나 좁아지죠.

이처럼 외부 환경의 변화에 대응해 체온을 항상 일정하게 유지하려는 성질을 '항상성'이라고 합니다. 우리 몸은 태어날 때부터 항상성을 갖추고 있어서 몸을 둘러싼 다양한 환경 변화에 유연하게 대처합니다.

그런데 때때로 이런 대응력이 약해지기도 합니다. 예를 들어 병에 걸려 몸이 약해진 사람이나 고령자는 외부 환경의 변화에 대응하지 못해 급격히 쇠약해집니다. 심하면 목숨을 잃기도 하죠. 환절기에 사망자가 늘어나는 까닭도 쇠약해진 몸이 계절의 변화에 대처하지 못했기 때문입니다.

우리 몸은 항상 외부 환경의 변화에 대응하기 위한 수비 태세를 갖추고 있습니다. 하지만 수비가 탄탄한 사람도 있고 허술한 사람도 있습니다. 같은 방에서 자고도 혼자만 감기에 걸린 C는 수비가 허술한 사람이고, A는 탄탄한 사람이며, B는 그 중간입니다.

수비가 견고한 사람, 바꿔 말해 외부 환경의 변화에도 끄떡없는 강인함이 바로 둔감력입니다. A는 둔감력이 가장 뛰어난 사람인 셈이죠.

넓게 열린 문으로
나아가기 위해서는

다양한 외부 환경 변화에 대처하고 그 상태에 익숙해지는 능력을 보통 '환경적응능력'이라고 합니다. 환경적응능력이 뛰어난 사람은 기온이나 생태적 변화는 물론, 인간관계나 사회적 변화에도 쉽게 맞춰갈 수 있습니다.

예컨대 자신이 나고 자란 고향을 떠나 다른 마을이나 도시에 가서도 금세 어우러져 살아갈 수 있는 능력, 자연환경이나 인종, 문화 등이 전혀 다른 외국에서도 밝고 건강하게 살아갈 수 있는 능력, 이러한 능력이 환경적응능력입니다.

요즘 같은 국제화 시대에 어떤 나라에서든 어떤 환경에서든, 나아가 현지의 어떤 음식을 먹든 건강하게 살아

주변 환경의 변화에도
늘 자기 자신을 유지하는 몸과 마음의 힘,
이것이 바로 바로 이 시대가 원하는
둔감력입니다.

갈 수 있는 능력, 그런 환경적응능력만큼 멋지고 든든한 것은 없습니다. 그리고 이런 능력의 밑바탕에는 반드시 둔감력이 있게 마련입니다. 좋은 의미의 둔감함이 있기에 어떤 환경, 어떤 사람과도 조화롭게 살아가는 것이죠.

앞으로 세계를 향해 날갯짓하며 새 시대를 일궈나가고 싶은 사람은 먼저 자신에게 둔감력이 있는지 확인부터 해야 합니다. 만약 둔감력이 있다면 소중히 여기고, 없다면 다양한 환경에 뛰어들어 훈련해야 하죠. 그러려면 모든 일에 호기심을 품고, 좋은 의미에서 둔감하게 반응하며, 주저 없이 도전해야 합니다.

열여섯

어머니의 사랑,
그 위대한
둔감력에 대하여

둔감력을 다룬 이야기도 이번 장을 끝으로 종착역에 이르렀군요. 마지막 장은 당연히 최고의 둔감력인 '어머니의 사랑'입니다.

'왜 어머니의 사랑이 최고지?' 하고 생각할 수 있습니다. 아무래도 어머니의 사랑은 섬세하고 부드러워서 쉽게 상처받을 수 있다고 여기는 사람들이 많으니까요. 그러나 앞으로 나올 내용을 읽고 나면 제 말뜻을 충분히 이해하리라 믿습니다.

아이를 위해
젖을 물리다

어머니는 아이가 태어나는 순간부터 그 아이를 지키며 돌보느라 여념이 없습니다. 갓난아이를 돌보고 있자면 기쁘고 행복한 일뿐만 아니라 힘겨운 일, 짜증 나는 일, 진저리 나는 일도 끝없이 이어지죠.

그중에서도 어머니가 반드시 해야 하는 첫 번째 일은 수유입니다. 아이에게 젖을 먹이는 모습은 어머니의 풍요로움과 따스함을 상징합니다. 그래서 서양화에도 자주 등장하죠. 어머니도 아이가 젖 먹는 모습을 보고 있으면 정말 흐뭇하지 않을까요.

하지만 '여성'이라는 데 관점을 맞추면 젖을 먹이는 모습은 누군가에겐 다소 민망한 장면일 수도 있습니다. 그러나 어머니는 그런 시선을 일일이 신경 쓸 겨를이 없습니다. 아이는 젖 없이 자랄 수 없기 때문입니다. 모유는 아이의 생명줄입니다.

그래서 아무리 부끄러움 많은 여성도 꼭 필요한 상황이 되면 아이에게 젖을 물립니다. 주변의 시선이 좀 신경 쓰이긴 하겠지만, 진짜 창피하거나 남사스럽다고 생각하진 않습니다. 어머니의 입장에서 어떻게든 아이에게 배불리 젖을 먹여야 한다는 생각으로 가득하죠.

이런 마음을 둔감력이 아니라면 뭐라고 표현할 수 있을까요? 어머니가 되었다는 자부심과 아이에 대한 사랑이 둔감력을 만들어낸 덕분에 어디서든 당당하게 젖을 물린다고밖에 해석할 도리가 없지 않을까요?

요컨대 어떤 여성이든 어머니가 되면 둔감해집니다. 아니, 둔감력이 있어야만 아이를 키울 수 있습니다.

점차 아이의 울음소리에 둔감해지는 어머니

아이가 태어나고 초등학교에 들어가기 전까지 어머니는 모든 면에서 아이에게 깊이 관여합니다. 특히 젖먹이를 키우는 어머니는 그야말로 아이와 일심동체죠.

아이를 곁에서 돌보다 보면 어머니는 당연히 아이의 모든 것을 공유할 수밖에 없습니다. 예컨대 기저귀는 매일 여러 차례 갈아줘야 하는데, 이때 어머니는 아이의 대소변의 냄새를 맡고 만지기도 하면서 색깔과 모양을 확인합니다.

그런 일은 어머니만이 가능합니다. 자기 자식이 아니라면 선뜻 할 수 있는 행동이 아니죠. 아무리 아이를 좋아하는 사람이라도 남의 자식 기저귀 냄새까지는 맡기 어렵습니다. 하물며 출산을 하지 않는 남성이라면 꿈에도 생각 못 할 일이죠. 남자들 대부분은 "어떻게 저럴 수가 있지?" 하며 놀라워할 게 분명합니다.

하지만 어머니의 애정으로 가득한 행동도 관점을 바꾸면 둔감력의 힘을 느낄 수 있습니다.

'내 아이의 대소변은 더럽지도 불결하지도 않다.'

'내 아이 것이라면 배설물조차 사랑스럽다.'

'내 아이를 위해서라면 무엇이든 할 수 있다.'

이렇게 받아들이는 힘이야말로 둔감력입니다. 그리고 이런 둔감력은 아이를 낳고 눈에 넣어도 아프지 않을 만큼 소중하다고 느끼면서 저절로 몸에 배죠.

또한 이 무렵에 어머니는 밤낮없이 아이의 울음과 칭얼거리는 소리에 시달립니다. 아이는 졸려도 울고, 배고

파도 울고, 더워도 울죠. 울음이야말로 아이의 호소이자 어리광이며 살아 있다는 증거입니다.

어머니는 한시도 곁을 떠나지 않고 울음소리에 반응하며 아이가 편안하게 쉬고 잠들 수 있도록 최선을 다해 돌봅니다. 물론 견디다 못해 화를 내거나 짜증을 내기도 합니다. 아이의 울음과 칭얼거림에 지쳐 육아 우울증에 빠지기도 하죠.

그런데 대부분의 어머니는 아이의 울음소리를 그다지 신경에 거슬려 하지 않습니다. 오히려 울음소리라기보다는 애타게 엄마를 찾으며 어리광을 부리는 사랑의 메시지라고 받아들입니다.

울음소리에 태연해지는 과정도, 익숙해진 상태도 모두 둔감력 덕분입니다. 둔감력을 가진 어머니이기에 스트레스가 될 수 있는 상황도 기쁘게 받아들이는 거죠.

제삼자가 아이의 울음소리를 듣는다면 시끄러워서 신경이 곤두설 게 분명합니다. 그리고 아이를 안고 달래는 어머니에게 "시끄러우니까 좀 조용히 시켜요!" 하며 불평하고 싶은 마음이 굴뚝같아질 테죠.

남들에게는 신경 쓰여서 견디기 힘든 아이 울음소리가

어머니에게는 시끄럽거나 불쾌한 소음으로 들리지 않습니다. 이런 무신경함과 둔감함은 어머니에게만 주어진 강인한 능력입니다.

아버지가 이러한 둔감력을 갖춘 경우는 그리 많지 않습니다. 자기 배 아팠던 게 아니기 때문에 아이 울음소리에 신경이 예민해지고 짜증이 나죠. 남들보다야 덜하지만 어머니처럼 느긋하게 받아들이지는 못합니다. 그래서 한밤중에 울어대는 아이 곁에서 뒤척이다가 결국에는 베개를 안고 다른 방으로 도망치고 말죠.

그럴 때 남성들은 보통 "나는 내일 출근해야 하니까 옆방에서 잘게." 하며 회사 핑계를 댑니다. 아이가 너무 심하게 운다면서 무턱대고 화를 내는 경우도 있습니다. 그리고 엄마가 아이를 잘 달래지 못한다며 푸념을 늘어놓습니다. 하지만 사실은 둔감력이 부족해 아이 울음소리를 견디지 못할 뿐입니다.

어머니가 아니었다면
불가능한 일들

아이가 조금 자라서 젖을 떼고 이유식을 먹는 시기가
되어도 어머니의 둔감력은 약해지지 않습니다. 이 시기
에 어머니는 늘 아이 곁에 붙어서 이유식을 먹여줘야 합
니다. 그러나 아이는 주는 대로 얌전히 받아먹지 않죠.

어머니는 소화가 잘되도록 질게 지은 밥에 생선 살이
나 달걀노른자 등을 잘게 다져서 이유식을 만듭니다. 그
런데 아이는 정성껏 만든 이유식을 한 숟갈씩 떠먹여도
순조롭게 받아먹지 않습니다. 잘 먹나 싶다가도 갑자기
고개를 휙 돌리며 먹기를 거부하고, 먹던 음식을 뱉거나
갑자기 토하기도 하죠. 잠시 한눈판 사이에 밥그릇을 건
드려 애써 만든 이유식이 바닥으로 쏟아지기도 합니다.

물론 어머니는 아이의 행동을 주의 깊게 관찰하다가
일이 생기면 곧바로 대처합니다. 더러워진 턱받이를 갈
아주고, 때로는 아이가 먹다 흘린 음식을 주워 스스럼없
이 자기 입으로 가져가기도 하죠.

이 모든 일은 어머니가 아니라면 불가능합니다. 어린

어머니의 사랑이야말로
최고의 둔감력입니다.
모든 것을 포용하는 마음은
둔감력이 자라는 출발점입니다.

아이가 밥을 먹는 광경은 지저분하고 혼이 쏙 빠질 만큼 정신없어서 어머니가 아닌 사람은 보고 싶지 않은 게 솔직한 심정입니다. 어린이집 선생님처럼 아이를 챙기는 사람이라면 더러워진 턱받이는 갈아주겠지만, 아이가 먹다 흘린 밥까지 주워 먹지는 못합니다. 아버지도 그렇게까지는 못하는 경우가 많죠.

하지만 어머니는 아이가 흘린 음식을 더럽다고 생각하지 않습니다. 사랑이라는 감정에서 나오는 지극히 자연스러운 행동이죠.

이런 마음과 행동이야말로 둔감력 그 자체입니다. '내 배 아파 낳은 자식이 하는 행동이라면 모두 다 사랑스럽고 무엇이든 받아들일 수 있다.' 이런 마음가짐이 둔감력을 만들어내는 원동력입니다. 물론 어머니가 된다고 해서 모든 더러움에 둔감해지는 건 아닙니다. 오직 사랑하는 내 아이의 더러움에만 둔감해질 뿐이죠.

어머니는
강하다

지금까지 다룬 자식에 대한 어머니의 둔감력은 극히 일부에 지나지 않습니다. 어머니는 아이의 심한 투정도, 성장하면서 생기는 고집도, 버릇없는 행동도 기꺼이 받아들입니다. 그중에서도 가장 강하고 위대한 둔감력은 죄지은 자식을 용서하는 관대함입니다.

대부분의 사람은 폭행이나 절도, 강도 같은 큰 범행을 저지른 사람을 증오하고 용서하지 않습니다. 범죄자를 거세게 비난하며 엄한 처벌을 요구하죠.

사면초가에 내몰린 범죄자에게 진심으로 도움의 손길을 건네는 사람은 오직 어머니뿐입니다. 어머니는 자기 자식이 주위 사람들에게 폐를 끼치고 나쁜 짓을 저질렀다는 사실을 잘 알면서도, 자식을 용서하고 감싸며 도와주려 하죠.

보기에 따라서는 악에 둔감하고 독선적인 사람으로 비칠지도 모릅니다. 그러나 어머니는 자기 자식을 위해서라면 그 어떤 시선도 견뎌냅니다. 범죄를 저지른 자식을

어머니의 사랑, 그 위대한 둔감력에 대하여

두려워하고 꺼리기는커녕 손을 꼭 붙들고 위로하며 자기 일처럼 함께 울어주죠.

사람들은 그런 염치없고 둔감한 어머니의 행동을 가만히 지켜보기만 할 뿐 욕하거나 비난하지 못합니다. 그들 역시 누군가의 어머니이고 자식이기 때문입니다. 어머니와 자식은 최강의 둔감력으로 똘똘 뭉친 신뢰 관계라고 말해도 지나치지 않습니다.

아이를 키워본 여성은 흔히 "하나라도 좋으니 꼭 아이를 낳아서 키워보세요."라고 말합니다. "아이를 낳아서 기르다 보면 나 자신도 크게 성장해요."라고 말하죠.

이 말은 틀림없는 사실입니다. 아이를 하나라도 낳아서 길러본 어머니는 어떤 일에도 흔들리지 않는 둔감력을 갖추고 있습니다. 아이를 낳아 길러본 여성과 그러지 않은 여성, 그리고 아이를 낳을 수 없는 남성의 둔감력에는 결정적인 차이가 있습니다. 그 차이는 생활 태도에도 커다란 영향을 미치죠.

출산을 경험하지 않은 여성과 출산을 경험할 수 없는 남성은 자식을 낳아 기른 어머니만큼 압도적인 둔감력을 갖추지 못할 가능성이 큽니다. 하지만 아이를 낳아 길러본 여성은 위기에 닥쳤을 때 믿기 힘들 정도로 강인하고 억센 정신력을 발휘합니다. 어머니가 강하다는 건 바로 이런 의미죠.

지금까지 열여섯 장에 걸쳐 둔감력에 관해 살펴보았습니다.

민감하거나 날카로운 것만이 재능은 아닙니다. 사소한 일에 흔들리지 않는 둔감함이야말로 살아가는 데 가장 중요하고 기본이 되는 재능이죠. 예민함이나 순수함도 밑바탕에 둔감력이 있어야 비로소 진정한 재능으로 빛날 수 있다는 사실을 기억하시기 바랍니다.

어머니의 사랑, 그 위대한 둔감력에 대하여

사소한 일에 흔들리지 않는
둔감함이야말로
살아가는 데 가장 중요하고
기본이 되는 재능입니다.

나가는 말

둔감한 마음, 즉 둔감력은 어떻게 해야 생길까요? 본문의 설명이 조금 부족할 것 같아 설명을 덧붙입니다.

우선 자식을 키우는 부모가 느긋해야 합니다. 요즘은 아이의 학교 성적에서 생활 태도까지 일일이 참견하는 부모가 많은 모양이더군요. 그런데 간섭이 심한 부모를 둔 아이는 둔감력을 가진 여유로운 사람으로 성장하지 않습니다.

성적이 조금 나쁘더라도, 때때로 버릇없이 굴더라도, 느긋하고 너그러운 시선으로 바라봐줘야 합니다. 작은 일에도 아낌없이 칭찬해준다면 더욱 바람직하겠죠.

물론 잘못된 행동을 했을 때는 정확히 지적하고 엄하게 꾸짖어야 합니다. 그러나 올바른 행동을 했을 때는 곧바로 "엄마와 아빠는 네 행동을 보고 감탄했어.", "최선을 다했구나. 정말 잘했어." 하며 확실하게 칭찬해줘야 합니다.

아이들은 단순해서 칭찬을 들으면 뛸 듯이 기뻐하고 자신감도 높아집니다. '이런 게 좋은 행동이구나.' 하는 깨달음이 다음 행동에 긍정적인 영향을 미치고, 그런 행동들이 차곡차곡 쌓이면서 한 계단씩 올라서죠.

이렇듯 둔감력을 기르는 첫걸음은 너그러운 부모에게 칭찬받으며 자라는 데서 시작됩니다. 어른이 되어 사회에 나가면 실수하거나 실패해서 상사의 질책을 받는 일도 생깁니다. 그럴 때 절망에 빠져 낙담하기보다는 마음을 다잡고 새로이 앞을 향해 나아가는 게 중요하죠.

이때 실패나 실수는 최대한 머릿속에서 떨쳐내야 합니다. 그 대신 상사에게 칭찬받았던 일, 동료들에게 인정받았던 일을 기억에 저장해두었다가 필요할 때마다 떠올려야 하죠.

이런 좋은 의미의 낙천주의가 긍정적인 마음과 강인한 둔감력을 키워줍니다. 요즘같이 극심한 취업난과 불경기가 계속될수록 둔감력은 꼭 필요합니다. 지금은 강력한 둔감력 없이는 살아가기 쉽지 않은 시대입니다.

어느 때보다 둔감력이 필요한 시기에 이 책이 한국에 소개되어 영광스럽게 생각합니다. 소중한 인연을 감사히 여기겠습니다.

옮긴이 정세영

대학에서 일본어를 전공하고 일본계 기업과 디자인 회사에서 사회 경험을 쌓았다. 삶의 지혜가 담긴 책과 시야를 넓혀주는 언어를 스승처럼, 친구처럼 여겨왔다. 지금은 바른번역 회원으로 활동하고 있으며, 책과 언어에 둘러싸여 저자와 독자의 징검다리 역할에 전념하고 있다.

나는 둔감하게
살기로 했다

초판　1쇄 발행 2018년 4월 10일
초판　14쇄 발행 2021년 10월 21일
개정판 1쇄 발행 2022년 5월 23일
개정판 4쇄 발행 2022년 8월 5일

지은이 와타나베 준이치 **옮긴이** 정세영
펴낸이 김선식

경영총괄 김은영
책임편집 임경섭 **디자인** 박수연 **책임마케터** 배한진
콘텐츠사업6팀장 임경섭 **콘텐츠사업6팀** 박수연, 한나래, 정다움, 임고운
편집관리팀 조세현, 백설희 **저작권팀** 한승빈, 김재원, 이슬
마케팅본부장 권장규 **마케팅3팀** 권오권, 배한진
미디어홍보본부장 정명찬 **홍보팀** 안지혜, 김민정, 오수미, 송현석
뉴미디어팀 허지호, 박지수, 임유나, 송희진, 홍수경 **디자인파트** 김은지, 이소영
재무관리팀 하미선, 윤이경, 김재경, 오지영, 안혜선 **인사총무팀** 강미숙, 김혜진, 황호준
제작관리팀 박상민, 최완규, 이지우, 김소영, 김진경, 양지환
물류관리팀 김형기, 김선진, 한유현, 민주홍, 전태환, 전태연, 양문현, 최창우
외부스태프 표지/본문 일러스트 Yuttana Chompuruen(Thailand)

펴낸곳 다산북스 **출판등록** 2005년 12월 23일 제313-2005-00277호
주소 경기도 파주시 회동길 490 **전화** 02-704-1724 **팩스** 02-703-2219 **이메일** dasanbooks@dasanbooks.com
홈페이지 www.dasan.group **블로그** blog.naver.com/dasan_books
용지 한솔피앤에스 **인쇄** 민언프린텍 **코팅 및 후가공** 제이오엘엔피 **제본** 다온바인텍

ISBN 979-11-306-0055-0 (03100)

다산북스(DASANBOOKS)는 독자 여러분의 책에 관한 아이디어와 원고 투고를 기쁜 마음으로 기다리고 있습니다.
책 출간을 원하는 아이디어가 있으신 분은 다산북스 홈페이지 '투고원고'란으로 간단한 개요와 취지, 연락처 등을 보내주세요.
머뭇거리지 말고 문을 두드리세요.